TERRES DE SOLEIL
ET
DE SOMMEIL

Droits de reproduction et de traduction réservés pour tous les pays, y compris la Hollande.

Published November eleventh, nineteen hundred and eight. Privilege of copyrigt in the United States reserved under the Act approved March third, ninetee hundred and five, by CALMANN-LÉVY.

ERNEST PSICHARI

TERRES DE SOLEIL

ET

DE SOMMEIL

PARIS
CALMANN-LÉVY, ÉDITEURS
3, RUE AUBER, 3

AU COMMANDANT LENFANT

Mon Commandant,

Les minutes les plus heureuses de la vie sont peut-être celles où l'on se souvient des voyages accomplis et des aventures lointaines. Depuis que nous avons quitté la vieille terre de l'Afrique, je ne cesse d'évoquer les horizons entrevus pendant nos dix-huit mois de marche chez les Barbares. A tous ces souvenirs, votre image est mêlée; elle m'a sans cesse accompagné pendant que j'écrivais ce livre que je viens aujourd'hui vous prier d'accepter.

Votre nom n'y est nulle part prononcé; il devrait être écrit à toutes les pages. Autant qu'un chef, vous avez été pour moi, pendant ces longues randonnées, un père et un ami vénéré.

Les heures de la brousse unissent indissolublement. J'évoque maintenant avec une émotion bienfaisante les pays que nous avons vus ensemble, la Sangha, les monts sauvages du Yadé, et cette claire Penndé où vous vous êtes, avec vos compagnons, avancé le premier.

Et je vous revois aussi aux plus belles heures de notre misère, quand vous alliez vers votre idée. Je vous revois exactement... Vous aviez les bras nus et bronzés par le soleil, point de veste, et une vieille culotte effiloquée comme celle des mendiants de Callot. Derrière les lunettes, vos yeux avaient la malice et la douceur de votre Nièvre. Votre sourire nous rendait forts et confiants. Et vous marchiez gaiement, comme un brave homme.

Vous m'avez initié, mon Commandant, à une vie nouvelle, la vie rude et primitive de l'Afrique. Vous m'avez appris à aimer cette terre de héros que vous parcourez sans trêve depuis près de quinze ans. Je vous dois d'avoir donné à ma vie sa raison et son but.

Je me rappellerai toujours l'impression profonde que me fit une phrase de votre livre sur la grande route que vous avez trouvée vers le Tchad en 1903. Vous racontez votre arrivée dans le Logone :

« Je ne saurais dépeindre, dites-vous, la joie immense qui s'empara de nous tous, quel soupir de satisfaction s'exhala de nos poitrines ! C'était bien le Logone ; c'était la belle rivière, but de nos efforts, que depuis deux mois j'entrevoyais dans un rêve.... Il nous semble que nous sommes arrivés là subitement, sans efforts ; car la joie nous fait oublier les souffrances passées.... Ainsi nous avons tourné nos regards et nos pensées vers un seul idéal, nous avons vécu de longs jours pour un seul but et voici que la force inéluctable de nos volontés nous a conduits vers cet idéal, vers ce but... »

De telles lignes sont capables de susciter dans un cœur juvénile les plus hautes pensées et les plus purs élans. Pour moi, elles m'ont conduit dans des sentiers nouveaux, vers de la beauté et de la noblesse.

Les pages qui suivent ne disent rien du grand labeur que vous venez d'accomplir dans ce dernier voyage. Modestement et patiemment, vous avez pénétré de vierges latitudes; pendant des mois, vous avez marché sous des cieux nouveaux, sur ce petit carré blanc qui figurait avant vous sur nos cartes entre le Logone et le Chari; modestement et patiemment, vous avez ouvré pour cette Afrique que vous servez depuis si longtemps comme une maîtresse blandicieuse et chère. Ces travaux, le public les connaîtra un jour; mais seuls vos compagnons sauront votre sérénité courageuse dans les heures troubles de là-bas, et la souriante bonté qui ne vous quitta point pendant ce dur parcours.

Ces essais ne veulent que donner quelques aspects de la vie africaine; leur seul mérite est d'avoir été écrits avec amour. L'Afrique, vous le savez, a ses fidèles. Cette terre insigne nous rend meilleurs ; elle nous exalte, et nous élève au-dessus de nous-mêmes, dans une tension de l'âme où le rêve et l'action se pénètrent. J'ai voulu donner les raisons de mon trouble, lorsque vous me conduisîtes parmi ces landes, ces rochers, et ces plaines lumineuses.

Elle dort là-bas, éternellement, comme une nymphe inviolée dans son fleuve de clarté. Je serais trop heureux si je pouvais ressusciter pour vous quelques-unes de ses images, quelques-uns de ses tableaux que nous avons vécus et que nous avons tant aimés.

Maréchal des logis P<small>SICHARI</small>.

Paris, le 17 février 1908.

TERRES
DE
SOLEIL ET DE SOMMEIL

LE SOURIRE DE L'AFRIQUE

I

Je dois confesser que pendant le temps que je passai en Afrique, le désordre de mes sensations fut extrême. Je n'arrivai point dès le début à donner un sens à cette terre vénérable.

Le 15 septembre 1906, mon chef et ses compagnons débarquaient à Matadi, au fond de l'estuaire du Congo. Quelques jours après, nous naviguions sur le vapeur *Valérie* qui devait nous conduire, en remontant le Congo et la Sangha, jusqu'au village de Nola. Je songeais alors à la difficulté qu'il y a à se faire en Afrique une âme africaine. Perdu parmi l'immensité du fleuve, où stagnent, dans l'or du couchant, des îles roses, et, plus tard, entre les rives sylvestres de la Sangha, j'admirais, sans être ému.

Je résolus de m'abandonner, sans réfléchir, au charme, empli de mystère, de la brousse. La simplicité apparente recèle là-bas une complexité profonde à laquelle, dans le début, on ne prend pas garde. Les hommes sont divers, insaisissables dans leur âme profonde et lointaine. Les paysages nous disent des choses nouvelles qu'il faut savoir entendre. C'est sans hâte qu'il convient de pénétrer des intimités aussi neuves.

Je voulus une découverte prudente et classer seulement, en amateur, les quotidiennes émotions. Je voulus jouir, sans plus, de cette beauté inattendue où se mêlait parfois de la tristesse.

La navigation s'arrête à Nola. Le 2 novembre, nous quittions ce poste pour remonter, à travers la forêt, jusqu'à Bania. Partis le matin au petit jour, nous arrivions vers midi au village de N'Gombo.

N'Gombo ne compte guère qu'une quinzaine de cases bâties dans une courte éclaircie de la forêt. Vers le sud, on constate une forte colline dénudée et rocheuse, d'aspect aimable pourtant, et qu'un bouquet de bois couronne à son sommet. Bien que la pente soit rude et qu'un orage prochain rende la chaleur excessive, on consent volontiers à l'ascension de cette colline pour le plaisir de dominer l'écrasante et perpétuelle forêt vierge que l'on avait subie pendant les longues heures de la matinée. D'en haut, le spectacle n'est point singulier ni surprenant. Mais l'on ne saurait en imaginer de plus navrant ni de plus dissolvant. L'horizon quadruple n'est qu'un édredon de verdure ; nous pouvons mesurer du regard l'immensité d'où nous venons de sortir. Seulement, par endroits, des pentes herbeuses, où s'accrochent des masses de granit, font de la sauvagerie triste et de la douceur. Les nuages bas dessinent des poches au-dessus des futaies, et, vers l'Est, il doit pleuvoir.

Une menace de tornade ne va point sans quelque énervement. Pourtant, à cette heure, nous éprouvons autre chose, plus que cet énervement, ou peut-être moins encore : une sensation très confuse qui nous entre dans la peau et nous cloue là. Cette nature nous dispense une sorte de lassitude animale qui est aussi un inexprimable découragement. La fatigue de la journée, la dispersion trop grande du paysage, l'électricité latente inclinent à la torpeur douloureuse et sans rêve.

Une sorte d'hébétude nous navre, l'hébétude qui suivrait une grande fatigue amoureuse. Nous n'eussions jamais cru qu'un paysage pût faire mal à ce point. La pluie tombe là-bas, très loin. Les contours des choses sont mous, comme dans un mauvais tableau. Tout se tait et ce silence est un drame.

C'est le silence unique de l'Afrique. Il semble une grande attitude de néant. Nos campagnes ne savent pas se taire. Elles sont emplies toujours de bourdonnements ailés, et de murmures confus. Les matins y ont d'immenses frémissements ; les crépuscules chantent doucement à l'âme attentive.

Ici, le silence est énorme, total et, malgré qu'il interdise une certaine intimité que nous cherchions, il est bien le charme subtil et malfaisant de ce pays.

Il faut y prendre garde. Cette grande paix, sans un tressaillement de lumière, cette paix sans vie où nulle caresse ne vibre, où nulle aile ne palpite, où nul mouvement ne se décèle, empêchera l'effusion des cœurs et ce mysticisme, dont, peut-être, dans le secret de nous-mêmes, nous souhaitions être les victimes. Aucune pitié ne s'affirme vers nous. Aucune intention humaine. Désormais seules, nos consciences auront des égoïsmes renaissants et ressusciteront les orgueils d'autrefois ; nous ne saurons plus éprouver ce délicieux épanchement de l'être, cette panthéistique douceur qui est le charme de nos pays. On ne saurait imaginer une terre plus dépourvue de métaphysique que celle-ci.

La fatigue de vivre, qu'il fallait fuir, s'augmentera de toute la fatigue de ces paysages de mort entrevus. De ne pouvoir s'entretenir familièrement avec tout cela qui nous est étranger et lointain, nous connaîtrons des inquiétudes nouvelles. De trop vivre parmi tout cela qui est sans passé, nous apprendrons que rien n'est, sinon la minute ailée dont le passage nous laisse, avec un peu d'insouciance stoïque, un infini de détresse...

II

Cela m'étonna longtemps de voir l'apparence de solitude de ces contrées désolantes. Et pourtant une vie immense et profonde anime les pentes douces des collines. Au flanc des vallées, des villages s'accrochent, pleins de chansons et de soleil. Dans les ondulations grises des lointains, il y a des douleurs et des joies. Il y a d'innombrables existences parmi cette mort. Dans les herbes ou dans les bois, vous marchez pendant des heures sans que rien d'humain ne monte vers vous de ces herbes ni de ces bois. Puis, tout à coup, le chant d'un coq... Des cases surgissent hors des bananiers. Vous voyez des hommes qui causent, accroupis devant une bûche qui fume. Une femme berce son enfant en chantant son éternelle mélopée en mineur. Subitement, vous apercevez toute une vie facile et familière. C'est un peu l'impression que l'on éprouverait à rentrer dans une serre chaude, tandis qu'il ferait très froid au dehors.

Il est, dit M. Barrès, des prières qui ne se rencontrent pas. Je crains, hélas ! que nos prières ne se rencontrent jamais avec celles des hommes noirs. Je crains de ne jamais rencontrer leurs âmes étranges et inachevées. Je crains que nous n'allions toujours parallèlement... Pour nous, notre soin le plus constant et notre plus cher travail a été de forcer le mystère de ces hommes, que, pendant de longs mois, nous avons appris à aimer. Nous avons presque toujours échoué. Parfois, pourtant, d'un geste, d'une attitude entrevue au détour d'un chemin, de moins encore, nous avons retiré d'utiles enseignements. Assez peut-être pour avoir soupçonné un peu de beauté neuve, un peu d'inattendue sentimentalité.

A deux jours de marche du village de N'Gombo, où fut, si j'ose dire, ma première hypostase africaine, on rencontre le gros centre de Bania, qui est en quelque manière la porte d'entrée du pays baya. Mais il est difficile de dire ce qu'est le pays baya et d'en préciser les limites. On peut admettre que du 4° parallèle, au Sud, jusqu'au 7° parallèle, au Nord, du 12° degré de longitude Est de Paris, jusqu'au 15° degré, l'on rencontre des Bayas.

Mais il y eut dans ce pays de si nombreux mouvements de races et de peuples divers, des rencontres ethniques si curieuses, que la place des tribus proprement bayas reste difficile à préciser. On a émis cette hypothèse que les Bayas, autrefois peuple nomade et pasteur, avaient été poussés par les invasions foulbés vers les bords de la Mambéré et de la Nana où l'impénétrable forêt les aurait contraints à abandonner leurs troupeaux. Mais ceci est de l'histoire très ancienne. Dans des temps plus récents, d'autres peuples sont venus s'installer dans le cœur même du pays baya. Ce sont les Kakas qui occupent la haute Batouri. Ce sont les Yanghérés, partis autrefois du Dar Banda et qui, arrêtés et repoussés par la conquête foulbé, furent réduits à se disperser et à s'installer en îlots, parmi des peuples mieux organisés et plus forts. C'est ainsi que l'on rencontre des Yanghérés sur la Batouri, au nord de Bania, entre le Mambéré et la Mbaéré, plus haut encore, sur la haute Nioy et la haute Ouam. Enfin il importe de distinguer chez les Bayas deux races très distinctes, les Bayas du Sud et les Bayas du Nord qui ne parlent pas la même langue, et n'ont à tous les points de vue que peu de caractères communs.

III

Une sorte de maniérisme délicat, quelques raffinements du cœur, avec l'ignorance presque absolue de notre morale, une mentalité même de décadents et de fatigués, m'ont dès l'abord étonné chez ces habitants des pays de la Mambéré. Je ne pourrai jamais comprendre le paradoxe de ces âmes frustes à la fois et compliquées.

Ce qui apparaît avant tout, ici, c'est de la grâce sentimentale. Peu de force. Peu d'énergie. Mais des faiblesses souvent jolies et inattendues. Écoutez cette berceuse que chantent les femmes kakas à leurs bébés, et tâchez d'en imaginer la subtile et douce harmonie :

Sasa danguelguelé kongo ;
kongo me gniongnan na toua ;
kossou ba bem'na,
bem'na ya dannda.
A ! a ! alito !
A ! a ! alito !
Qua bouné lā lā tè....
Qua bouné couà couà si....

« Voyons, qu'as-tu dans la tête ? — Tête mauvaise n'est pas pour la maison. — Dormir, tu ne veux pas, enfant ; être promené, tu ne veux pas. — Ah ! ah ! il faut dormir ! — Ah ! ah ! Il faut dormir ! — Maintenant, tu ne dors pas... — Maintenant, tu es sage [1]... »

Nous n'insisterons pas sur la science vraiment parfaite de ce petit poème kaka. Il y a beaucoup d'habileté dans cette répétition des

1. Ces deux vers, intraduisibles en français, disent les états divers que traverse l'enfant. « Maintenant, il ne dort pas... Et puis, voilà qu'il se met à dormir. » La mère suit les mouvements de l'enfant et les envisage tous dans le présent. Un Baya dirait, avec la même transposition : « Maintenant je chante, maintenant je ne chante plus. » C'est-à-dire : « J'ai fini de chanter. »

mots : kongo et bem'na[1] à la fin d'une phrase et au commencement de la suivante. Mais ce qui nous émeut surtout, c'est ce refrain psalmodié dont chaque vers se termine par une note traînante, d'une infinie langueur. Ce « lā lā tè » est à pleurer... Quelle amusante découverte que celle que nous avons faite d'une parcelle de l'âme de cette femme kaka qui chantait la douce romance de l'enfant ! Quelle émotion de voir notre âme dans son âme, notre sensibilité dans sa sensibilité ! Quel événement de surprendre un peu de nous en elle, un peu de nos agitations de cœur dans son apparente animalité !

Nous avons bien souvent pensé à l'hypothèse de Joseph de Maistre qui veut que les nègres soient d'anciens civilisés dégénérés et non des peuplades en enfance. Sans pouvoir présenter aucun argument solide en faveur de cette théorie, nous avons eu souvent l'intuition de nous trouver en face de races arrivées au

1. *Kongo* veut dire tête et bem'na enfant.

terme de leur évolution, non de races primitives réservées à de hautes destinées.

Nous avons peine, en tout cas, à nous représenter l'homme primitif tel que ce Baya ou ce Yanghéré, craintif et doux, affaibli moralement et physiquement, subtil souvent dans ses pensées, adonné à tous les vices de nos décadences, inapte à l'action. Ces hommes ont même appris que l'alcool donne l'oubli de l'âpre vie et ils cherchent en lui des excitations passagères dont nous croyons à tort détenir seuls la formule. Dans les villages bayas a lieu annuellement la fête du « doko ». Le « doko » est une bière de mil ou de maïs fermenté qui remplace notre alcool dans la plupart des tribus fétichistes du Congo.

Nous n'avons pas importé l'alcoolisme au Congo. La fête du « doko » est certainement une ancestrale coutume. Les hommes s'enivrent et ce sont, dans le village, pendant plusieurs jours, des danses exaltées et furieuses. Leur principal caractère est une impudeur extrême, une perversité faite de sensualisme violent. Le

Baya, d'ailleurs, n'ignore aucun érotisme, aucune perversion de l'instinct sexuel. Avec cela, l'amour n'est pas chez lui bestial ; il est d'un dégénéré, d'un fatigué, d'un blasé. Il faut que dans l'ivresse il cherche l'exaltation des sens et d'artificielles tendresses.

Les signes de la décadence sont ici éclatants, irrécusables. Nulle apparence de jeunesse dans ce peuple pourtant sans histoire. Je me souviendrai longtemps de ces jeunes hommes que j'aperçus vers la fin de décembre 1906 au village de Baouar, sur la Nana. Ils étaient trois ou quatre, silencieux, immobiles devant une des cases du village. Leurs grands yeux étonnés nous regardèrent passer, et ce fut tout. Ils étaient nus, mais portaient de nombreux bijoux, des spirales de cuivre aux jambes et aux bras, des colliers de métal blanc et des colliers de cuivre ; leur coiffure était compliquée, presque féminine ; elle était faite de nattes minces et longues et une couleur rouge brique, extraite de l'écorce de certains arbres, les teignait. On ne saurait facilement imaginer de plus gracieuses adolescences et l'on eût dit de ces éphèbes qui courent sur les métopes du Parthénon, porteurs de lances ou de rameaux d'olivier. Mais leur air sérieux, leur attitude de statues donnaient à leur jeunesse un peu de solennité.

Je connus que ces hommes étaient des *labis*. Les labis sont en quelque sorte des écoliers, et leur école, leur temps d'école, avec ses travaux et ses joies, s'appelle le Labi. Le Labi est, chez les Bayas, la grande fête de la Virginité, coutume charmante où le jeune homme s'initie aux mystères de la vie et de l'amour. Notez : de la vie et de l'amour, car le Labi n'est pas seulement l'initiation à l'amour ; il est surtout une épreuve où l'enfant s'accoutume aux combats de l'existence et à ses périls. « Labi » veut dire « danger » en baya. La grande beauté du Labi est de vouloir former des hommes souples et vigoureux, d'habituer les âmes au courage, en même temps que de désigner, par une sorte de sélection, les individus marqués pour perpétuer la race en augmentant sa force et sa vitalité. Idée spartiate, avec moins de rudesse dans son application et que semble vouloir rénover notre pensée moderne, depuis Malthus jusqu'à Gobineau et Nietzsche. Aussi le Labi comporte-t-il une série d'épreuves, les unes destinées à assouplir le corps, les autres, à fortifier l'âme et à la tremper.

L'une de ces épreuves est très périlleuse ; le jeune homme est debout dans l'eau de la rivière ; les hommes du village lui lancent, de la rive, des flèches qui dévient dans l'eau, grâce au courant, et ne font qu'érafler la peau. Tous les labis ont sur le ventre ou sur la poitrine de ces glorieuses cicatrices.

Cette grave initiation dure quelquefois deux, trois et quatre ans.

Toutes les nuits, les hommes mènent grand bruit sur la place du village ; mais les jeunes hommes désignés pour le Labi font une sorte de retraite. Certains même ne doivent pas être vus pendant tout le temps que dure l'épreuve et ils se promènent le corps caché par deux grands boucliers en paille tressée. Tels étaient ceux que nous vîmes plus tard en pays Yanghéré sur les rives de la Mbaéré. Les initiés ne parlent pas le baya, mais une langue spéciale qui s'appelle le labi, et qui est la langue de l'initiation. Encore une fois, nous sommes devant un très vieux rite qui trouve son origine dans une conception très complexe de la vie. Un très vieux rite qui n'est plus, hélas, qu'un de ces menus gestes par qui s'exprime encore un peu du passé d'une race, un peu de ses antérieures destinées !

Cette nonchalance sobre, cette élégance, qui seules attestent le sens artiste de la race, nous ont paru un des traits les plus aimables, en même temps que l'un des plus surprenants des peuples noirs que nous avons visités.

Partout, chez les Bayas, plus tard, chez les Lakas, chez les Moundangs, chez les M'baïs, nous avons eu l'impression d'une grande vieillesse un peu lasse, un peu désabusée, très persuaduée de l'inutilité des actes quotidiens, très hostile aux inutiles mouvements.

Certaines de leurs actions, quelquefois les plus infimes, font penser à l'accomplissement d'un sacerdoce. Et il est de fait qu'un vieux passé les requiert encore, beaucoup plus qu'on ne le penserait à première vue.

On traite volontiers les noirs de grands enfants. Nous sommes victimes, dans nos relations avec tous ceux qui n'ont pas la même couleur que nous, d'une illusion tenace, d'une erreur qui nous est chère. Nous les voulons à notre image. Dans tout ce que nous leur demandons, dans tout ce que nous leur donnons, nous les supposons à notre image. C'est, si l'on peut dire d'une façon barbare, du latinomorphisme. Nous n'admettons qu'un peuple ait une histoire qu'autant que nous la connaissons et qu'elle a donné matière à de nombreuses thèses de doctorat. Nous n'admettons qu'un peuple ait des coutumes qu'autant qu'elles sont écrites et connues. Nous n'admettons qu'un individu puisse avoir des états d'âme qu'autant que ces états d'âme ont été exprimés, catalogués, classés par des psychologues ou des poètes. Il est pourtant d'autres documents que ceux-là sur la nature des êtres qui nous semblent les plus lointains.

Un regard, où parfois se concentre toute une humanité, des propos insignifiants où tout à coup se révèlent des hérédités obscures et compléxes, suffisent à nous informer, à nous instruire de choses que, chez la plupart des peuples civilisés, l'écriture a cachées, le caractère d'imprimerie a déformées.

Il est aussi tels moments dans la vie d'un peuple où semble se condenser tout l'esprit de la race. La guerre, par exemple, est l'un de ces symboles. C'est sûrement l'un des actes qui nous paraissent le plus propres à exalter nos cœurs et à susciter en nous des enthousiasmes. La seule idée de la guerre nous procure une excitation agréable qui va jusqu'à s'exprimer bruyamment, même en temps de paix parfois. Il était intéressant de saisir le noir à ce moment critique. Un jour, nous avons vu le départ pour la guerre.

C'était à Dioumane, sur le Logone. Ce fleuve insigne a toujours été l'objet de nos plus constantes sympathies. Il est au village de Dioumane d'une grande largeur ; ses eaux céruléennes s'écoulent sur un fond de sable doré qui, sur les rives, étincelle au permanent soleil. Rien, dans le paysage, ne saurait vous détourner de la contemplation de cette eau et de ce sable, et l'on imagine difficilement une campagne plus nue que celle-ci, des lignes plus simples, plus pures, ni d'apparence plus aristocratique. Cela fait penser à l'écriture de Louis XIV.

Sur les berges plus élevées de la rive droite, es villages, entourés de murailles parfaitement circulaires, stagnent dans l'infinie lumière du jour, semblables à des couronnes de deuil. Ils sont tristes, sans rien qui dise la douceur de la vie commune, tristes et nus comme le décor qui les entoure. On n'y voit point la bandja des Bayas où les hommes s'assemblent, tandis que les enfants s'ébattent, nus comme les bambini du vieux Lucca della Robbia. Entre les murs qui enclosent les cours sordides des cases, circulent des rues étroites et tortueuses qui aboutissent toutes au fleuve. Seulement, en un endroit dé la berge, un grand arbre, souvent un tamarinier, se penche sur la grève dorée et abrite sous ses branchages un peu de vie et de mouvement.

En arrivant sous le grand arbre de Dioumane, le 10 mars, nous apercevons, bien au delà de la rive adverse du fleuve, une fumée épaisse se tordre vers le ciel en chevelure d'ombre. Il n'y a nul bruit dans le village. Des femmes attendent sur la berge... Un grand oiseau au pennage compliqué, comme on en voit sur les estampes japonaises, effleura l'eau diaphane et passa... Soudain, de toutes les ruelles du village, apparaissent des hommes, un à un. Un chef hostile a incendié les herbages de Dioumane, et l'on va le combattre là-bas, de l'autre côté du Logone. C'est maintenant un vomissement continu de partout. Les hommes armés surgissent silencieux et se hâtent vers la rivière. On entend seulement un clapotis, quand un homme entre dans l'eau ; les boucliers de paille tressée et les sagaies se dressent au-dessus des têtes.

Des traînards se jettent dans le fleuve en courant et s'efforcent vers l'autre rive. Puis tout disparaît ; là-bas, les hommes se perdent dans les hautes herbes, et seul, dans l'écrasement total de midi, on se demande si l'on vient de faire un rêve, un rêve de beauté antique dans de la clarté.

Sans le vouloir et comme par surprise, ces gens arrivent donc à une sorte de beauté, à la beauté que fiévreusement, maladivement, nous recherchons depuis des siècles. Cependant nous sommes venus ici avec notre idéal, notre canon de perfection. La beauté, pour nous, est quelque chose de très spécial, de très défini, d'enserré dans des limites très nettes. C'est tout ce qui reflète l'idéal innombrable des hommes de notre race. C'est leur pensée, leur cœur, leur sang, éternisés dans un peu de matière. C'est la Grèce ; c'est Rome ; c'est la France chrétienne... Nous savons très bien ce que c'est que la beauté. Et voici que, parmi ces sauvages, des images nous émeuvent que nous savons pertinemment être belles. Ce n'est point de la beauté neuve, inattendue, étrangère à nous. C'est bien « notre » beauté, celle-là qui fait notre incessante poursuite, celle-là qui nous a nourris et que depuis si longtemps nous avions perdue. Nous avons assisté à Dioumane à une scène de l'*Enéide*. Nous revenons ici, aux bords sereins du Logone, sur les bancs de l'école. Après un détour assez curieux, nous retrouvons le Portique, et l'hellénisme, derechef, nous assiège. Malgré nos efforts pour ne pas compromettre, par des réminiscences, la primitive beauté du spectacle, ces hommes qui couraient vers le fleuve, leur souplesse, leur grâce unique par qui ils semblaient voler, tels des annonciateurs de victoire, nous évoquaient des statues antiques, jusqu'à présent reconnues impossibles et périmées.

IV

Nous sommes accoutumés à la laideur. Que l'on parcoure pourtant, avec des yeux vierges, nos campagnes et nos villes et que l'on suppute tous les aspects de tristesse et d'indigence qui se présenteront sur la route. C'est en vain que l'on poétisera le paysan qui pousse sa charrue, l'ouvrier qui sort de l'usine ou de la mine. Le paysan est une chose laide. L'ouvrier est une chose laide. La misère a fait cela et le travail, et un long écrasement qui a tué tout germe de vie, qui a fait de ces corps des automates.

Nous devons avouer que la présence des hommes nous a toujours gâté la divine douceur de nos paysages de France. Nous les aimons solitaires, sans que rien de sordide en vienne troubler la paix heureuse. Parmi eux nous souhaitons qu'aucun pleur humain ne revienne abolir le sourire des choses. Mais ici, par une singulière transposition, nous désirons cela précisément que nous redoutions là-bas. Il nous plaît que la rudesse des aspects, la tragique solitude des routes se tempèrent d'humanité. C'est là, si l'on peut dire, le paradoxe de l'Afrique. Chez nous, les arbres, les ruisseaux, les vallons, les coteaux nous sont familiers et connus. Dans la plus parfaite solitude, nous savons nous entretenir avec eux, et notre âme attentive sait comprendre la chanson des bois et le murmure des eaux. Ici la brousse, farouche, pleine d'embûches, est hostile et se tait. Mais qu'au détour d'un sentier apparaisse un étincellement de sagaies, que, des hautes herbes, jaillissent un vol de torses nus avec des souplesses animales, que des cases, hors des euphorbes et des volubilis, s'érigent, qu'un homme coure devant nous, plutôt qu'il ne marche, parmi les landes noires que l'on brûla au dernier été, et tout ce qui nous entoure prend un sens, une signification nouvelle.

De par ces humanités que nous sentons si proches, malgré tout, et qui peuvent exciter en nous des sensations crues mortes jusqu'alors, nos cœurs sont encore capables d'exaltation.

Le noir a sa raison d'être et son explication dans cette brousse même qui nous inquiétait autrefois. Il en est un indispensable ornement, celui-là par qui tous objets prendront une vie nouvelle et une harmonie.

Nous sommes loin maintenant des tristesses, des découragements de N'Gombo, notre première station. Nous avons découvert derrière les coteaux qui bornaient l'horizon, dans les profondeurs des vallées, dans le désolé moutonnement des plaines, des hommes qui ont répondu à nos secrètes attentes, qui nous ont apporté ce que nous demandions.

V

Nous avons voulu vivre avec eux, connaître, par tout ce qui était eux, l'ordonnance de leurs vies et la trame de leurs pensées. Mais les noirs tiennent à garder jalousement leurs secrets. Certaines coutumes qui touchent au passé le plus profond de la race resteront toujours ignorées ou mal connues. Malgré toutes les ruses que nous emploierons, les pratiques de la sorcellerie, les cérémonies de l'excision qui est pratiquée dans tous les pays que nous avons visités, les détours compliqués du code indigène, ne nous seront jamais dévoilés. A cet égard, les Bayas font le désespoir des enquêteurs. Quand ils ne se taisent pas, ils mentent par système et par parti pris. C'est peu de dire qu'ils mentent. Cela tendrait à admettre qu'ils sont susceptibles de dire la vérité. Disons plutôt qu'ils ignorent toute distinction entre le vrai et le faux. Le mensonge est chez eux une attitude naturelle, et même, une nécessité d'existence. Peu armés, nullement faits pour la guerre, nous voulons dire pour la guerre ouverte et le corps à corps, le mensonge leur sert de défense et de protection. C'est par lui qu'ils tâchent de limiter la conquête du blanc ; c'est par lui qu'ils arrêtent nos indiscrétions quand nous voulons aller trop avant dans la connaissance de leurs mœurs et même dans la connaissance géographique de leur pays.

Ceci, à vrai dire, ne nous paraît pas une chose indifférente. C'est le signe d'une volonté de se maintenir dans une tradition chère, de s'enfermer dans un système compact de traditions et d'habitudes, de « permaner », malgré la conquête du sol et l'envahissement du blanc.

Ici, les hommes parlent peu. Le soir, on les

rencontré sur les chemins, la sagaie haute, se hâtant vers les villages, avec tout le mystère de l'impénétrable brousse dans leurs grands yeux étonnés. On ne sait d'où ils viennent, ce qu'ils font, moins encore leurs sentiments et leurs pensées secrètes. Derrière la simplicité de vie du sauvage, derrière la rudesse apparente des mœurs, se cache une extrême complication de sentiments, point du tout primitifs, mais rattachés, au contraire, par des racines profondes, à tout un passé obscur et lointain.

Encore que le sud du pays baya ait été sillonné par les voyageurs un peu dans tous les sens, nous ignorons tout des grands drames qui se sont joués sur cette terre, des idéals inexprimés, peut-être à demi conscients, qui travaillent ces cerveaux de rêveurs, des mystérieuses alchimies des consciences. Chose plus grave, nous ignorons cela, parce que les Bayas veulent que nous l'ignorions. Ils entendent ne pas se livrer, ne nous montrer d'eux-mêmes que ce qu'ils désireront nous en montrer.

Nous savons que leurs cœurs ont des tendresses insoupçonnées. Rarement pourtant ils ont ces épanchements soudains par où l'essence même de l'être se trahit et s'affirme.

VI

Vers la fin du mois de mai 1907, nous redescendions des hauteurs des monts Yadé vers la vallée calme et verdoyante de la Mambéré. Près de cent porteurs bayas nous accompagnaient, avec des tirailleurs bambaras et des bouviers foulbés.

Dès qu'on a quitté les entassements granitiques de Yadé, et qu'on a franchi l'Ouam qui en est à deux jours de marche, on sent une douceur exquise circuler dans l'air plus clément. On aime la vie, à revoir, parmi les brumes du matin, parmi les brouillards des crépuscules, les lointaines collines, si pâles qu'elles semblent arachnéennes, à franchir encore les petits torrents dont l'eau smaragdine est si froide à la bouche, à retrouver, après tant d'excès et d'aventures, ces aspects oubliés, calmes comme les paysages du Morvan, dont un seul suffirait à remplir toute une existence d'un impérissable parfum de poésie.

Dans les lointains, des cases palpitent et les villages apparaissent, propres et nets, au détour des chemins.

Et, de nouveau, ce sont les longues soirées, fraîches parfois, où les heures s'écoulent vite dans l'absolu oubli de tout; de nouveau, les chansons bayas et les brouillards emplis d'indistincts murmures. C'est le retour à Mambéré.

Le Baya est très attaché à sa terre; il aime son pays, sa patrie, c'est-à-dire son village et sa case. Loin de chez lui, il a la nostalgie de son ciel gris, de ses champs de manioc, de sa « bandja » où il fait si bon s'accroupir pendant des heures à ne rien faire, à ne rien dire, à ne rien penser. Il regrette sa femme, et sa « nana », sa mère, et son fils qui bientôt subira la grande initiation, le Labi. Il ne faut pas lui parler des

Lakas, des M'boums, des Moundangs ; ce sont des « sauvages ». Chez l'étranger, il est malade, incapable de se plier au climat nouveau, aux exigences nouvelles de la vie. Mais c'est son cœur aussi qui est malade, du regret de la Mambéré perdue.

Dès que l'on a dépassé les Monts Yadé par le 7ᵉ parallèle Nord, et que l'on entre dans le pays M'boum, le baya ne se nourrit plus. Privé de manioc, il ne peut s'habituer au mil qui est l'unique culture de tous les pays du Logone. Il dépérit comme une fleur transplantée et se laisse, sans résistance, incliner vers la mort. Sur les routes, on les entend souvent murmurer les syllabes chères : Mambéré.... Mambéré.... L'un des nôtres, un homme du village de Gougourtha, me décrivait un jour sa case. Ce que j'ai compris de son discours m'a touché jusqu'au fond de l'âme :

— Ma case, disait-il, est tout près de la case de Gougourtha ; tu vois : ici, ma case ; ici, la case de Gougourtha. A côté, c'est la case de Moussa qui est mon camarade, mais je n'ai pas beaucoup de camarades. Moi, je ne sais pas être camarade avec les autres. Je suis mauvais, mauvais. Quand j'étais petit et que Gougourtha m'appelait, je me sauvais ; alors il m'attrapait et me donnait des gifles. Il est méchant, Gougourtha.

N'est-ce pas d'une émotion délicieuse, ce petit récit que je viens de traduire fidèlement, mais sans pouvoir rendre le charme particulier de cette langue baya, si souple, si nuancée, si chantante ?

Quand nos porteurs reconnurent le parfum de leur terre et la divine pâleur de leur ciel, leurs faces enfantines s'illuminèrent de tous les bonheurs retrouvés, de toutes les tendresses ressuscitées, et du souvenir des paresses antérieures. Les charmes du sol natal assiégèrent les âmes longtemps navrées, et le soir, autour de la flamme qui tentait le vol tournoyant de sphinxs monstrueux, pendant des heures, on chanta la litanie du retour, lente et monotone, ce thrène harmonieux qu'on ne saurait oublier quand on l'a entendu une seule fois.

Parmi nos Bayas, quelques-uns étaient du village d'Ouannou, situé à quelques lieues de Carnot. Nous arrivions à Ouannou le 9 juin. C'est un tout petit bourg, quelques toits perdus dans la verdure et qui semblent des joujoux d'enfants délaissés. Un enclos en paille tressée recèle cinq ou six cases disposées en cercle autour d'une place de sable fin. C'est le « tata » du chef. La fortune de ce village, ce sont ses bananiers. Ils en font l'unique ornement. Mais la chair de leurs fruits, toujours fraîche, procure une sorte de bien-être capiteux dont aucune caresse ne saurait passer la douceur animale.

Dans le tata du chef, les hommes d'Ouannou retrouvaient leurs femmes, leurs mères, leurs enfants, leurs amis restés au foyer. Ce fut une minute d'intense émotion. J'eus le sentiment de quelque chose d'intime, de profond, d'inexprimable. Les hommes avaient les yeux humides de larmes : des femmes, à genoux sur le sol, baisaient ardemment les mains de leurs fils. Peu de paroles, mais quels gestes ardents et passionnés ! Un beau garçon passa ; il avait un petit enfant dans chaque bras et son regard allait de l'un à l'autre, béatement. Dans le fond du tata, des groupes s'abandonnaient ; des époux, enlacés, se baisaient longuement sur la bouche. Il y avait un peu de gravité dans tout ce bonheur, quelque chose de contenu et de noble dans ces effusions. Il y avait là surtout beaucoup d'humanité, et de *notre* humanité, toute faite de faiblesse et d'abandon du cœur.

Tout à coup, d'un groupe serré, s'éleva un chant monotone et monocorde, toujours cette même complainte obsédante où l'on dirait que les Bayas ont mis toute leur âme, et son essence la plus intime. Ce fut alors l'expression subite et sans apprêt de la joie. Il y eut une sorte d'exaltation. Deux tambours faisaient rage et aussi cette double cloche en airain, sorte de gong, instrument de musique cher aux Bayas, qui jette, parmi la voix crépusculaire des chœurs, des notes de clarté, doucement mystiques et religieuses.

Les femmes se mirent à pousser des cris

stridents et à courir comme des possédées dans toute la longueur du tata. Beaucoup prenaient la précaution de changer le petit paquet de feuilles qui les habille, contre un paquet de feuilles plus gros et plus décent. D'autres venaient se rouler dans la poussière, à nos pieds. Une vieille prit ma main et la baisa avec frénésie…. Puis des hommes armés de sagaies, de boucliers, de couteaux de jet firent irruption dans le tata et commencèrent la danse de guerre. Nulle parole ne saurait dire la beauté parfaite de leurs attitudes de bataille. Un genou en terre, le torse et le chef renversés en arrière, la haste haute, ils restaient en arrêt, immobiles comme des statues d'athlète antique. D'un bond, ils se relevaient et sautaient à pieds joints par-dessus leur bouclier tenu dans la main gauche. Et alors ils rampaient, s'avançaient avec des souplesses félines contre l'ennemi imaginaire.

Je ne pense pas que cette danse soit fantaisiste. Les poses des combattants sont hiératiques et apprises. Elles signalent, plus que le caractère guerrier de la race, le sens obscur de la beauté, l'art peut-être inconscient, mais sûrement étudié, de la plastique, de l'harmonie des lignes dans le mouvement. Elles sont un avertissement de ce qui remplace, pour ce peuple baya, notre statuaire immuable et malhabile. Nous ne savons pas goûter la joie parfaite des corps s'ébattant dans de la lumière. C'est là pourtant la seule jouissance esthétique de ces hommes pour qui l'image n'est rien, sans l'étincelle de la vie....

Cependant la musique cessa. Les danseurs et les musiciens sortirent du tata. Les femmes rentrèrent dans les cases. Et, dans les coins, il y avait encore des hommes et des femmes qui s'enlaçaient et s'embrassaient sur la bouche, insatiablement.

VII

Ce soir-là, tandis que le soleil irradiait d'améthyste les bananiers du vieux Ouannou, et précisément jusqu'à l'heure où le disque de la lune devint zénithal, je rêvai profondément. Les côteaux de la Mambéré, où tant de petites âmes ignorées se blottissent et se taisent, m'avaient bien conquis et me retenaient désormais.

Quelques êtres, en dépit de cette volonté arrêtée du baya de défendre la solitude de son intérieur, venaient de se livrer, de nous signaler cela même que nous cherchions si avidement, c'est-à-dire le parfum particulier des âmes, et ce qui demeure en elles d'essentiel et d'éternel...

Combien ces hommes étaient près de nous !
Quelle identité dans l'amour et dans l'amitié !
Que leurs consciences nous sont connues et
familières !

Je repense maintenant au paradoxe de
Joseph de Maistre.

Paresseux et subtil, menteur et compliqué,
sentimental et artiste, sensuel et impudique,
dégénéré et ingénieux, vicieux et charmant,
tel nous avons rencontré le Baya. N'est-
il pas un aboutissant, l'aboutissant d'une
série d'hérédités aussi compliquées que les
nôtres ?

Plusieurs traits nous attestent l'antiquité de
la race. Le nom du village de Gougourtha
rappelle singulièrement celui du célèbre Berbère, Jugurtha, qui s'illustra dans sa longue
lutte contre les Romains. D'autres noms de
villages ont des sonorités symptomatiques :
Berbérati, Gaza, et bien d'autres. Il faut
prendre garde de ne pas s'aventurer trop loin.
Mais qui sait si ce peuple n'eut pas des destinées glorieuses ? Qui connaît les pays d'où il

est venu, les influences qu'il a subies? Qui sait si, dans des temps antérieurs, la splendeur de l'Orient n'a pas ébloui ses yeux, s'il n'a pas eu des Mages et des Christs, s'il n'a pas connu nos douleurs et nos inquiétudes? Et puis plus tard, échoué sur cette terre de sommeil et de mort, écrasé par l'éternelle forêt où rien ne vit, où rien ne vibre, ne s'est-il pas découragé, replié sur lui-même?

Dans les crépuscules toujours semblables des jours égaux, tandis qu'un gros disque fuligineux baissait à l'horizon morne, dans les soirées sans rires et sans chansons, n'a-t-il pas renoncé à la lutte incertaine?

C'est le mystère, hélas! et le grand secret des siècles. Mais ne cherchons pas. Le Baya nous apprend que les joies de la vie sont fugaces et qu'il faut les saisir quand elles passent près de nous. Il nous dit qu'il ne faut pas rêver du ciel et que, seule, l'insouciance animale de vivre rend les heures légères et voluptueuses. Écoutons seulement son conseil. Et alors, en passant le soir dans les villages, tandis que les hommes s'assemblent pour le repas préparé par les mains indolentes des femmes, nous penserons que peut-être l'existence est une chose douce et chère, après tout...

SAMA

I

Au Nord de Ouantonou.

Comme le soleil déclinait, la terre devint plus noire. Je m'aperçus que des rochers faisaient de fantastiques créneaux sur la colline où nous venions de nous arrêter pour y passer la nuit. Et de grosses outardes se mirent à tournoyer au-dessus de nous, en poussant de longs cris de détresse. Nous avions marché toute la journée. A midi, nous avions rencontré le Lim. La rivière bondissait entre de hautes collines et l'on entendait des bruits de cascades. Puis nous étions repartis vers le Nord-Ouest, dans l'espoir de trouver des hommes, enfin,

Pays lamentable, aux hautes herbes indéfinies, sans hommes, presque sans eau, empli de mort. Nous ne savions plus où nous étions. Verrions-nous bientôt des cases, un village? Allions-nous entendre la rumeur de la vie? Où demain nous mènerait-il?

Depuis Ouantonou, c'étaient des plaines, puis des collines, puis des plaines, et partout l'immense désert de la savane. Une tristesse rude, avec un peu de vague inquiétude et de la détresse, me serrait la gorge. Et de la pitié, à voir nos pauvres Bayas, si loin de chez eux, sur la terre hostile. Il me semblait que l'Afrique était une chose immense, informe, indéfinie, meurtrière. Ouantonou! Ce nom revenait à ma mémoire. Il me semblait un nom de détresse et de déroute. Ouantonou! Cela disait la ruine, l'abandon, le froid...

Au sortir d'un col étroit, dans la montagne, nous avions vu des cases, la plupart à moitié détruites, toutes désertes, depuis longtemps désertes. Des fragments de marmites jonchaient le sol. Trois pierres en triangle marquaient un ancien feu. C'était Ouantonou.

Puis, la montagne descendait brusquement vers la Mbéré, le grand fleuve qui coule là-bas, vers le Tchad lumineux. Mais on ne voyait rien et le village émergeait d'un océan de brouillard, perdu parmi les roches, comme un nid d'aigles dans les Andes. Nous sommes descendus vers la rivière, et nous avons marché...

II

Les Bayas sont couchés sur le sol. Cercles noirs autour des feux qui s'éteignent, dans la nuit sombre. Quelques-uns dorment. D'autres sont là, immobiles, étendus sur le dos, les yeux ouverts. Tout à coup, un chant s'élève, et il emplit mon âme à en mourir. O le souvenir de cette obsédante lamentation ! Son endormante tristesse ! Il n'y a pas de paroles à cet air. C'est une gamme en mineur qui commence haut, par une note éclatante, et s'achève en sourdine, par une note traînée et basse, comme un soupir de détresse. Ceux qui chantent s'arrêtent subitement, et d'autres reprennent, avec des voix lasses et blanches qui font mal.

Un homme est à mes pieds près d'un feu solitaire. Je le reconnais : c'est Sama. Il ne chante pas et semble ne rien entendre, couché sur le côté, un coude sur la terre, ses yeux semblables à deux pierres dures perdues dans le vide.

C'est un enfant, Sama. Comme sa pose est gracieuse et délicate ! Il est tout nu ; son corps est mince, comme celui des Adonis antiques. Sa face me plaît infiniment ; il n'a pas le nez épaté et la lèvre lippue, selon l'idée que l'on se fait des noirs en France. Il a deux grands yeux énormes, toujours ouverts, presque immobiles. Je le regarde longtemps ; je voudrais épier tous ses gestes. C'est si peu, un « sauvage », et je suis si loin de lui ! Il est pour moi un mystère que jamais je ne déchiffrerai...

Il se soulève pour mettre quelques branches dans le feu. Sa figure, parfaitement ovale au-dessus de son cou trop long d'adolescent, s'illumine tout à coup à la flamme ranimée. Puis il se recouche, tandis que la chanson baya s'égrène dans la nuit, plus lente, plus lasse encore que tout à l'heure. Alors une grande pitié m'envahit. Comment ! il porte une caisse, ce gamin ; il fait nos rudes étapes avec une caisse sur la tête, ce petit être si fin, aux gestes si purs ; il fait ce dur métier, sans révolte et sans murmure. Quelle misère et quelle tristesse !

Je lui dis en baya :

— Sama, tu ne porteras plus ; demain, tu prendras mon fusil et tu marcheras avec moi.

Sama se tourne vers moi. Ses grands yeux me regardent dans la pénombre et il sourit doucement en montrant ses deux rangées de dents blanches et saines.

III

Le bagage de Sama : une natte roulée, un petit arc, un carquois en paille tressée et une petite cithare à deux cordes faite avec une vieille calebasse.

Sama laisserait bien sa natte et son arc et ses flèches pour conserver ce petit « bandjo » qui lui rappelle Beylou, son village, perdu dans la verdure, là-bas. Car Sama n'est pas très guerrier, et il aime son pays. Que lui importent les Boums, les Lakas ? Ce sont des sauvages, dit-il. Il ne les connaît pas et ne veut pas les connaître. Seulement il me parle de Beylou qui est puissant et possède beaucoup de femmes, beaucoup de cabris. Rien ne l'étonne et jamais il n'admire. Que lui font les pays nouveaux et les manières des blancs? Retrouvera-t-il, quelque part, ses cases de chaume, et sa vieille « nana » et les petites « boukos »[1] de la Sangha ! Sama est maintenant mon ami ; il ne me quitte plus ; il est content de porter mon fusil. Sur le sentier, Sama chemine près de moi ; nous causons. Quelquefois, il rit et cela nous rapproche un peu, parce que nous rions pour la même chose, lui et moi, lui si différent de moi, si loin de moi... Ami Sama, petite bête si jolie, petite âme si simple et si compliquée, que je voudrais connaître, savoir toute ta vie, tout ton cœur, et tes pensées !

Sama me fait oublier la tristesse morne de cette plaine interminable, et toute la misère humaine de cette colonne perdue dans les solitudes de l'Afrique. Oublier ? non, mais toutes ces misères, tressées ensemble par la pitié, font, dans le désert mauvais, de la force, de la beauté, de la tendresse...

Soudain, une émotion étrange m'envahit. Je

1. *Nana*, mère. *Bouko*, femme.

remarque que le sentier sur lequel nous cheminons est très large ; à droite et à gauche, à quelques mètres, il y a d'autres sentiers parallèles. Nous ne devons pas être loin du pays des Boums et cette route est celle que suivent les Foulbés, quand ils viennent du Boubandjidda razzier dans cette région, peut-être la route qu'ont suivie jadis les Boums, quand les Foulbés les ont poussés vers l'Est, loin des montagnes du Kameroun. Ainsi, sur ce carré blanc que je regarde sur une mauvaise carte, il y a eu des passions, des batailles, des conquêtes, des exodes de peuples, des chocs de races.

Parfois, des hommes passent là, en chevauchées furieuses, et d'autres cheminent avec de longs convois de bœufs, de femmes, d'esclaves, dans le soir... La solitude s'emplit parfois de visions fantastiques. Des peuples entiers sont allés par là vers d'autres terres.

Jamais rien ne subsiste de ces grands mouvements humains. L'oubli de la grande savane engloutit tout cela et il ne reste qu'un peu plus de mystère, un peu plus de vertige aux horizons identiques...

Vers la nuit, nous nous sommes trouvés au pied d'une haute montagne où les rochers s'amoncelaient, levés tout droit vers le ciel, avec de petits arbres tordus parmi les pierres. Cela s'est dressé tout à coup devant nous, comme une muraille marquant la borne du monde. C'était le commencement des monts Boumbabal. Nous avons suivi le pied de la montagne et nous avons vu des cases, petits dômes de paille posés sur le sol, de grandes amphores emplies de mil, un grand mortier à grains, en pierre, près d'un grand panier de paille grossière. Pas un homme. Tous ont fui à notre approche sans avoir eu le temps d'emporter leur mil. Peut-être viendront-ils demain. Il faut savoir attendre en Afrique.

Je me suis choisi une case pour la nuit. Je me suis couché. Et dehors, tout près de moi, Sama jouait du bandjo en songeant à Beylou, ou ne songeant à rien...

IV

Pensées du matin.

Où sommes-nous ? Le jour prolonge le rêve de la nuit et c'est tout. Et l'on est seul, on ne sait où, quelque part sur la terre... Réveils d'homme ivre ; on titube dans l'incertain de la vie. Tout se confond. Rêve, action sont emportés dans le même flot.

Je vais marcher et voir des hommes. Je franchirai un fleuve ; je gravirai une montagne. Mais toute chose ne m'est-elle pas inconnue ? J'irai dans le mouvant décor et je verrai des hommes s'agiter un instant et disparaître dans la nuit. O le triste doute, où l'on s'embourbe sans espoir...

Sama est près de moi, comme un petit esclave

vigilant. Il a une tunique courte qui lui descend jusqu'à mi-cuisse, une ceinture en paille fine, les jambes et les bras nus. C'est une bête familière. On dirait que ses grands yeux n'ont pas de regard. Ils ne me parlent pas et pourtant ils sont uniques.

Sama est assis par terre. Son corps est beau comme celui d'une statue. Dans mon pays, où l'enfant très jeune se courbe vers la terre ou se penche sur des livres, on n'imaginerait pas les corps souples et sains d'adolescents qui n'ont jamais su la misère ni le travail.

Comment connaître Sama? C'est un petit fantôme qui passe dans ma vie. Il est la peur de la pensée et la douce apparition de la tristesse.

V

Des hommes sont venus, non point ceux du village où nous avons campé, mais ceux d'un village voisin. Ils parlent une langue rude et rauque, mais ils parlent peu et ne semblent pas disputeurs. Noirs comme la terre, et vraiment les fils de la terre.

Ils sont très grands, carrés d'épaule, au front court, aux yeux petits et légèrement bridés. Ce sont de vrais sauvages, durs comme les mots qu'ils disent, puissants et fauves. Leur costume est une peau de bête pendue à leur derrière, qu'ils ramènent par devant et tiennent serrée entre leurs cuisses. Sur le sommet de leur tête, se dresse une touffe de cheveux ; leurs dents sont pointues, signe qu'ils mangent les hommes. Mais ils n'ont ni tatouages, ni bijoux, ni ornements. De vrais fils de la terre, perdus là, dans les replis sinistres de la montagne, parmi les éboulements de roches, dans de sombres profondeurs. Hommes durs, et graves, sur la plus dure des terres, inféconde et sèche, avec des puits seulement, de temps en temps, dans les villages.

Les M'boums n'ont pas intéressé Sama. Il dit avec mépris: « Ça, c'est sauvages ». Et toi, Sama, n'es-tu pas un sauvage et serais-tu mon ami, si tu n'étais pas sauvage ?

Nous avons marché vers la plaine, et nous avons trouvé un grand fleuve, tout bleu parmi des plages de sables d'or. Le Logone... Puis la plaine encore.

De loin en loin, une grande montagne de pierres, quelques cases au pied de la montagne, et puis la plaine, immobile sous l'ardent soleil de la saison sèche, sous le ciel sans nuages, toujours sans nuages. Nous avons vu Pao, Kao-Guienn, et Bem, quelques toits pointus dans un cirque de rochers noirs.

Après, nos cartes ne nous disaient plus rien ; elles nous montraient des routes vers le Logone, vers Laï, et nous allions dans le Nord-Ouest, à Léré.

Alors, nous avons cheminé dans l'inconnu, menés de village en village par les Lakas, cherchant toujours l'endroit où le soleil se couche, perdus quelque part, dans cette grande tache blanche des cartes d'Afrique, entre le 8° et le 10° parallèles, sur la rive gauche du Logone.

VI

C'est une chose douce que de se sentir ainsi perdu parmi la fabuleuse Afrique. On ne pense plus au but, mais chaque heure éblouit ; chaque minute emplit l'âme comme si elle était la plus belle et la plus pure et il ne reste plus après qu'une petite anxiété très suave de ne pas savoir du tout quand et où cela finira...

Les fermes lakas s'égrènent dans la clarté des routes.

Elles sont pareilles : quelques cases pointues reliées par des couloirs en nattes dures, un grand panier pour le mil, de grandes jarres pansues, gonflées de grains, et, autour, une clôture en paille tressée — et elles sont loin les unes des autres, de sorte que parfois les villages se touchent presque... Habi, Nakanndi, Tohan, Gasa, Gaki — et tant d'autres, entrevus à peine dans notre marche rapide vers le Nord-Ouest.

Quelle détresse inexprimable, je me rappelle, que cette grande équipée. Sama, lui, ne pense pas ; il n'est pas triste, il n'est pas gai ; il attend demain sans hâte, avec le seul regret de ne pouvoir rester une journée entière à jouer du bandjo et à chanter comme autrefois.

Car le Baya n'est pas résigné et fataliste comme le musulman ; il veut jouir des biens de la vie ; il a la passion de la vie et il jouit d'elle intensément. Mais il ignore le temps et l'angoisse de sa fuite. Sama, petite âme enveloppée, ami des mauvais jours, ton être me devient familier, comme un objet auquel on s'accoutume. C'est le plaisir des yeux, la paix du cœur...

La brousse est un jardin d'automne. Les feuilles mortes chantent. Les arbres se pressent, la plupart dénudés, mais beaucoup encore sont verts. Pas un pli de terrain, pas un sommet, pas une vallée. Il m'en souvient... L'air est un cercle de clarté. La terre sommeille, il semble qu'à chaque pas on la réveille un peu, et, à chaque pas, l'on est un cœur qui s'éveille un peu. Les paysages ont des aspects finis, et c'est une volupté si incertaine et fugitive et infinie !...

Avant de quitter Carnot — dernier point où les lettres parviennent encore — j'ai reçu une carte d'un ami, chrétien fervent et mystique. Il me disait : « J'espère que de ces solitudes, tu nous reviendras croyant en Dieu. » J'ai pensé souvent à ce mot. Hélas ! non, cette Afrique n'est pas la patrie de Dieu. Cette Afrique est le propre triomphe de l'individu. Églises, doutes, croyances, fantômes lointains de la ville, comment vous aimer, quand on a connu cette clarté, quand on a pénétré dans ces portiques de clarté !...

Cette belle terre si simple et si noire, c'est une femme d'Orient, violente et paresseuse, avec des cerises dans la bouche. O bonheur dense et lumineux près d'elle ! *Lebenskraft !...*

VII

Vers la fin du mois de janvier, nous arrivions au village de Bandzaï. Il faisait une belle chaleur et tout dansait sous la lumière méridienne, qui descendait du ciel, verticalement. Avant d'atteindre Bandzaï, nous avions traversé d'immenses champs de mil, tout rasés, car c'est la saison sèche, où l'on vit sur le grain amassé pendant les pluies dans les grands paniers et les jarres en terre cuite. Puis une grande étendue morne et silencieuse, semblable à ces clairières de nos bois de France, où les bûcherons entassent le bois coupé et construisent leurs petites huttes... Une ferme, puis, quelques centaines de mètres plus loin, une autre ferme...

Près d'une case, trois belles jeunes filles, toutes nues, écrasaient du mil dans un même mortier. Elles avaient de longues jambes fuselées, le rein souple et de gentilles figures très douces. Elles chantaient, en laissant retomber alternativement leur lourd pilon de bois. (En ce pays, les jeunes filles sont nues : et les femmes mariées portent une ceinture en paille finement tressée où pend un petit paquet de feuilles ; elles n'ont pas de bijoux ; les hommes seuls mettent des bracelets et des colliers.)

Des jeunes hommes souples et grands, aux traits fins et purs, nous regardaient passer sans rien dire, avec de grands yeux étonnés. Il faisait un silence lourd et animal.

Près du tata du chef, semblable aux autres demeures, j'ai fait mettre en tas mes pauvres bagages et j'ai bourré ma pipe, sans penser, heureux de vivre. Près de moi, le petit Sama s'est mis à jouer au *patara* [1] avec deux

---

1. Jeu qui consiste à lancer à terre quatre ou six petits coquillages appelés *cauries*. Le joueur gagne lorsque le nombre de coquillages tombant à l'endroit ou à l'envers est un nombre pair.

hommes de son village. Chaque fois qu'un joueur lance les petites cauries en faisant claquer ses doigts, Sama éclate de rire et il parle fort, il parle... il parle...

— Sama, pourquoi ris-tu?
— Non...

Il renverse la tête en arrière en montrant deux rangées de dents étincelantes.

— Comment, non! Dis-moi pourquoi tu ris...

Sama rit de plus belle, et je suis un peu vexé... Mais à l'autre bout du village, une musique grandit, déchire l'air, devient furieuse et sauvage.

— C'est *yula* [1], dit Sama.

En effet, aux dernières cases, tous les hommes du village sont rassemblés. Au milieu de leur groupe pressé, les musiciens s'acharnent en grimaçant; il y a un joueur de balafon, un tambour, une flûte en bois et une corne d'antilope où souffle un enfant, en gonflant ses joues comme un triton. Un homme s'approche des

1. *Yula*, tam tam en baya.

musiciens; il se met à remuer, à trépigner comme un dément, avec un tremblement furieux du tronc et des épaules; puis un autre le remplace et les vieilles femmes viennent essuyer la sueur qui ruisselle sur le corps des danseurs, en poussant des cris horribles. Près d'un arbre, il y a deux femmes et chacune tient un petit enfant, de quelques mois, nu, le corps peint en rouge et en blanc.

Sama m'explique que c'est le baptême de ces deux enfants, nés le même jour. Mais Sama ne se mêle pas aux danses des sauvages et il raille la façon qu'ils ont de se remuer jusqu'à ce qu'ils en tombent de fatigue sur le sol.

VIII

Pensées de la route.

Un Laka marche devant moi sur l'étroit sentier où nous nous hâtons dans la fraîcheur exquise du matin. C'est une belle bête, libre et farouche, toute de fierté et de douceur. A le voir marcher parmi les arbres clairs, à épier son geste sobre et harmonieux, j'éprouve un contentement parfait. J'admire tant de force, unie à tant de grâce.

Dans sa main gauche, il tient sa lance levée et s'enfuit légèrement, tel un annonciateur de victoire. Sa tête, au-dessus du cou mince et long, se penche un peu en arrière, et parfois il tourne vers moi ses deux grands yeux un peu fendus en amande, tandis que ses lèvres sourient finement.

Je me plais à suivre le jeu facile de ses muscles tendus comme un pur acier. Πόδας ὠχύς... C'est ainsi que je me représente Achille, et ce barbare est bien, je crois, l'idéal de la beauté grecque. Il est tel que ces éphèbes figurés aux métopes du Parthénon, nerveux et simples dans leurs attitudes juvéniles. Ainsi la beauté de la race — perdue chez nous — ici s'est conservée intacte, témoignage de ce que nous étions peut-être avant les vices de la décadence.

Dans le rayonnement de sa jeunesse, le jeune barbare m'adresse des paroles tristes et violentes. Il me dit :

— Tu me ressemblais autrefois, avant que les songes perfides des rêveurs n'aient empli ton âme et amolli ta force. Car alors tu vénérais cette force qui est la loi du monde et qui est bonne, puisqu'elle est la loi du monde. Et la force n'est-elle pas la beauté ? En perdant l'une, tu as perdu l'autre. Ton âme, héroïque jadis, est devenue molle et lâche, en même temps que ton corps a perdu sa vigueur première et son animale splendeur. Malheur à toi, qui méconnais l'inexorable loi de la vie, car même victorieux, tu prépares secrètement la défaite, et, dans ton triomphe, il y a le germe de la pourriture et de la mort.

Il est une merveilleuse apparition. Parmi les arbres clairs, il semble auréolé de divine et sereine clarté.

Il est quelque chose d'aboli qui ressuscite. Il est la propre statue de la Jeunesse et de la Beauté.

Je lui préfère Sama, si faible, si gracile, avec sa petite âme si compliquée. Mais comme l'autre est plus jeune, plus primitif, plus vivant !...

Hélas ! je les ignore tous les deux... Deux hommes sont près de moi, sur le sentier ; je connais leurs coutumes, et les gestes de leur vie me sont familiers. Mais ne pourrai-je donc jamais m'approcher d'eux ? Ne pourrai-je rencontrer leurs âmes secrètes et repliées ?

IX

Nous étions loin, bien loin, quand je connus que Sama était un bon petit animal, avec un petit coin de bonté dans le cœur et même de la tendresse silencieuse qui se cachait. Quand je satisfaisais un désir de Sama, jamais il ne m'en témoignait aucune reconnaissance ; quand je le frappais, il ne m'en témoignait non plus aucune colère, et, même, il m'en estimait davantage. Cette attitude était tout à son profit, car lorsque je lui faisais du bien, je ne demandais jamais qu'il me remerciât, à la manière des blancs, et, d'autre part, son silence, lorsque je lui faisais du mal, était pour moi un reproche qui m'emplissait de tristesse et de remords.

Nous arrivâmes dans un pays qui nous changea beaucoup de ce que nous avions vu jusqu'alors. Les villages devenaient plus rares et ils n'étaient souvent que quelques cases, entourées d'une haute palissade circulaire, avec un grand arbre au milieu. Nous passions souvent de larges vallées au fond desquelles chantait un mince filet d'eau. Ces ruisseaux coulaient tantôt vers le nord et tantôt vers l'ouest. Je compris alors que nous étions sur le faîte qui sépare les eaux de la Bénoué, de celles du Mayo Kabi. C'était une indication, dans l'ignorance où nous étions de notre route et la promesse que l'on arriverait bientôt au but. La joie que j'en éprouvai ne m'empêcha pas de tomber malade.

Un matin, sur la route, je sentis les approches d'une forte fièvre. Sensation étrange, inexprimable, presque un peu voluptueuse, que celle de cette petite mort qui arrive dans l'anéantissement de la pensée et du vouloir. Je me rappelle vaguement un immense pays où les indigènes avaient brûlé les herbes. La terre était noire comme de la lave et, de loin en loin, un petit arbre tordait vers le ciel ses bras décharnés. Nous marchions avec cette unique pensée de trouver un point d'eau, ne fût-ce qu'une mare stagnante, pour y étancher notre soif. Mais le pays était desséché, rongé par le feu des hommes comme par le feu du ciel, qui descendait tout droit des profondeurs infinies de l'espace immuablement pur et radieux. On marcha longtemps sur la terre maudite, sans rien dire, et c'était une fuite tragique, tous ces hommes qui se hâtaient, en gémissant tout bas, parmi les choses hostiles et mauvaises. Je sentis mes jambes s'amollir et une sueur glaciale m'inonder subitement.

Alors des images délicieuses passèrent devant mes yeux hallucinés. C'était une chambre baignée dans la lumière douce d'une lampe qu'abritait un grand abat-jour. La fenêtre était ouverte sur le printemps. Dans un fauteuil, la mère causait avec son enfant. Et j'entendais un son de cloches qui s'égrenait dans le tiède crépuscule. C'étai. net et précis, précis à en pleurer.

Je crois que je m'endormis. Le soleil était bas quand j'ouvris les yeux. La colonne était loin. Mais près de moi, assis dans cette pose familière aux Bayas, les genoux hauts et écartés, je vis le fidèle Sama. Il avait une gourde indigène remplie d'eau que je vidai, d'un seul trait. Puis il se mit à bavarder, et sa voix chantait un peu enfantinement.

— Toi c'est beaucoup malade, mais je connais toi bien, bien. (Il dit cela des gens qu'il aime). Toi venir à village. Il y a pas loin. C'est grand, grand village. Il y a beaucoup d'hommes.

Et son regard sur moi était si doux, si simple, si franc, que je sentis vraiment mon cœur l'aimer.

X

Puis ce furent des terres identiques et d'identiques villages. Quelquefois, nous descendions au fond de vallées profondes et ces vallées étaient si droites qu'elles semblaient des avenues vers l'infini. Les eaux coulaient vers l'ouest, c'est-à-dire vers la Bénoué, mais presque toutes les rivières étaient à sec depuis quatre mois qu'il n'était pas tombé de pluie. La campagne était âpre, rude et sans grâce. Un village apparaissait : deux ou trois familles, chacune resserrée dans l'enceinte d'une haute palissade et isolée des autres familles par de grands espaces de terre noire, encombrés de racines noueuses. Un chien maigre aboyait sous un nété. On ne voyait personne, ou seulement une vieille accroupie au seuil d'une case et qui nous regardait passer avec des yeux mauvais.

Pauvres villages, bien différents des grandes fermes du Logone ; et pauvres gens, apeurés par la perpétuelle menace des Foulbés du Boubandjidda, traqués à chaque instant par ces terribles « razzieurs » qui périodiquement viennent ravager le pays et s'emparer des femmes et des enfants[1].

Au village de Gombaï, un de nos hommes a été blessé. Il était resté en arrière de la colonne, traînant un cabri qui sans doute avait excité la convoitise des gens de Gombaï. Je le

---

[1]. En général, ces captifs lakas des Foulbés ne sont pas maltraités, et lorsqu'il leur arrive de revenir dans leur pays, ils n'ont qu'une idée en tête, c'est de retourner dans le pays foulbé qui leur offre les bienfaits d'une civilisation déjà beaucoup plus avancée. Cette civilisation, ils se l'assimilent si complètement que, de retour dans le pays laka, ils sont mal reçus et traités comme des étrangers. Aussi désirent-ils le plus souvent revenir auprès de leurs maîtres.

vis arriver à notre camp, marchant plus vite que de coutume, les yeux fixés droit devant lui. Quand il fut devant moi, il tomba sur le sol comme une masse, sans dire un mot ; il avait une sagaie plantée dans l'omoplate, le bois de la lance cassé presque à hauteur du fer. Tous nos Bayas s'étaient rapprochés et contemplaient le malheureux, muets d'épouvante et n'osant pas tirer le fer de la blessure. Alors j'appelai Sama qui était du même village que lui et tous deux nous faisions l'extraction de la sagaie, tandis que le blessé poussait des cris horribles.

Quand la blessure fut lavée et pansée, Sama me dit, avec une voix farouche qui me surprit :

— Moi partir avec les hommes pour moi (les hommes de mon village), moi tuer les sauvages.

Je ne le croyais pas très guerrier, le petit Sama ; et pourtant j'eus alors le sentiment que, si je l'avais laissé partir, il se serait battu comme un désespéré contre ces grands diables, pour la plupart deux fois hauts comme lui, et beaucoup mieux armés.

Il était maintenant un petit sauvage, avec une flamme nouvelle dans le regard, rêvant de coups et de blessures, et je sentis encore une fois que son cœur m'était inconnu, et ses pensées.

XI

A l'entrée du pays des Moundangs où nous parvînmes vers les derniers jours de janvier, Sama tomba malade. J'eus un triste pressentiment et je devinai que la petite âme obscure, à peine entr'aperçue en un jour de ma vie, la petite âme inconnue, rencontrée sur le chemin et vouée à l'éternel oubli, allait s'envoler, elle aussi, sans rien laisser derrière elle qu'un peu de tristesse éphémère que d'autres cieux et d'autres terres aboliraient. Elle aussi ! Et bien d'autres déjà étaient morts, jetés hâtivement dans un trou qu'un peu de terre recouvrait, perdus dans l'impénétrable savane... Car les pays du Logonè sont durs aux Bayas. Tout leur y donne la nostalgie de leur Sangha, de ses forêts humides et profondes, de ses douces vallées, de ses champs de manioc et de ses bananiers. L'air trop sec leur brûle les poumons, et les fatigues de la route, la nourriture qui leur est contraire achèvent de les incliner vers la mort où ils entrent sans rien dire, comme des victimes désignées. A creuser des trous dans la terre, au long des routes, à voir des yeux se convulser et des mains se tordre dans les agonies, on devient dur et l'on s'accoutume à regarder en face l'aveugle destin, sans haine, sans colère et sans chagrin. Pourtant j'éprouvai un serrement de cœur à penser que *celui-là* partirait sans que je l'aie connu, sans que j'aie compris le silencieux mystère de sa vie. Je savais qu'il serait enterré dans un endroit perdu où rien ne mentionnerait sa place d'éternel repos, et je savais aussi que dans mon cœur non plus, il n'aurait pas de pierre tombale, le petit ami si tôt passé, comme une ombre légère et fantômale. Et une tendresse m'emplissait l'âme à cette pensée dont j'avais honte comme d'une mollesse et d'une lâcheté.

C'est que je l'aimais bien, cet étrange et charmant Sama! Quand on passe rapidement dans un pays noir, on a tendance à croire que tous les hommes sont semblables; on n'imagine pas qu'il y ait, parmi ces sauvages, des hommes bons et des hommes mauvais, des hommes gais et des hommes tristes; on n'admet pas qu'ils puissent avoir des personnalités marquées et originales.

Et quand on les connaît mieux, on s'aperçoit qu'on ne les connaît pas du tout; on s'aperçoit que chaque être a sa nuance particulière, que celui-ci ne ressemble pas à celui-là, et l'on est étonné de cette confusion inattendue. Certes, Sama n'est pas semblable aux autres. Maintenant que nous sommes des amis, je m'en aperçois bien. Sama a beaucoup de défauts. Il est menteur, rusé, plein de vices, et voleur aussi. Mais il a une finesse native qui rachète tout cela, une finesse qui n'est qu'à lui, faite de distinction et de tendresse. Il n'est pas vulgaire et il a de l'esprit. Ses manières sont nobles et gracieuses. Je pense parfois qu'il ressemble un peu à des amis que j'ai en France. Mais le grand secret de la race m'apparaît alors et l'être que je voulais près de moi devient lointain, insaisissable.

Maintenant que je vois la mort tourner autour de lui, il est plus lointain encore, Sama, et moi je suis plus triste de l'avoir connu.

La terre des Moundangs est emplie d'une majesté funèbre. Je m'y sentis désemparé et las, avec des pensées de désastre et de sépulcre. A quoi j'étais incliné par l'impression même qui se dégageait de cette plaine aride, de ce sol dur, aux horizons ascétiques.

La terre des Moundangs est une grande page de désolation dans le livre merveilleux de l'Afrique. Les plissements du terrain s'y déroulent à l'infini comme une grande houle fixée dans un éternel silence.

Pour une sensibilité délicate que froissent les paysages arrangés de notre occident, et les effets trop attendus de nos terres latines, une telle nature peut plaire par son ennui même et son insignifiance. Elle est douce pour qui s'amuse aux jeux infinis de la lumière, aux caprices des nuances changeantes, plus qu'aux formes requises par notre esthétique invariable et apprise.

De N'Digué à Bohon, de Bohon à Lamé, de Lamé à Léré, sur soixante kilomètres de développement, l'horizon ne cesse d'être parfaitement circulaire, comme sur une mer tranquille et paresseuse. Seulement, les lointains ont des tons exquis et changeants.

Ils se colorent en mauve, en violet, en gris, en rose, et toutes ces nuances sont comme noyées dans une fine brume solaire, impénétrable.

Les maisons des hommes ajoutent encore à la tristesse infinie du sol. De loin, elles semblent de grands tombeaux perdus au sein d'une plaine élyséenne.

Elles sont en terre grise, sans issues, sans ouvertures ; et l'on ne voit qu'un mur uni et circulaire, avec des tourelles basses que surmontent des coupoles en terre et des toits plats, en terre également, comme ceux de ces nécropoles d'Orient où dort un passé mort et sans vestiges. Quand on pénètre à l'intérieur, on se trouve dans un dédale de couloirs, de chambres basses, tantôt circulaires, tantôt carrées, de recoins obscurs où s'empile le grain de la saison.

En venant de la plaine aride et mauvaise, on est étonné de surprendre une vie paisible et agricole, simple et enfantine. Le maître fait apporter par les femmes une grande amphore emplie de dolo capiteux et inoffensif qui est fait avec le mil fermenté. Il en boit quelques gorgées, puis s'assoit sur le sol et tire de longues bouffées de sa pipe, emplie d'un tabac fort et narcotique. Comme il fait sombre, on voit seulement la grande tache blanche de son boubou en laine tissée par les Foulbés, d'où émerge sa grosse tête rasée, empreinte de gravité et d'indifférence. Puis on repart, dans le jour qui décline, à la petite brise du soir, tandis que les grands troupeaux de bœufs se hâtent en mugissant vers les fermes basses, éternellement endormies sous le soleil de plomb, comme des tombeaux oubliés...

O le triste exode dans la lumière impitoyable ! O la terre sans printemps et sans automne, où l'harmonieux retour des saisons est inconnu ! O l'épouvante d'ignorer toujours les sourires heureux des arrière-saisons, et la tendresse apaisée de l'automne ! O la terre maudite qui fait froid au cœur et laisse des traînées de navrance au cœur enthousiaste de la route !

Sama en mourra bientôt, comme tant d'autres !...

Déjà il ne parle plus, et il me montre seulement, de temps en temps, sa poitrine étroite, avec un geste d'abandon. A Bohon, je lui ai trouvé un cheval. Durant les marches, il oscille lentement la tête à droite et à gauche, et ses longues jambes, qui maigrissent chaque jour, pendent lamentablement sur chaque flanc de la bête. Le soir, il s'étend sur une natte, nu, avec une insouciance étonnante chez lui qui aime la vie et que je ne croyais pas résigné. Maintenant, il s'abandonne. Toute la nuit, je l'entends gémir doucement, d'une voix blanche et monotone, et le petit banjo ne chante plus...

XII

Le 10 février, j'atteignais Lamé, la dernière étape avant le poste de Léré. J'arrivais donc en plein pays connu et je repassais avec plaisir dans ma mémoire ces longues marches qui m'avaient conduit de Carnot, aux rives boisées de la Nana, puis aux montagnes arides de Yadé, puis aux bords sablonneux du Logone, et enfin, par une interminable route vers le Nord-Ouest, à travers les paisibles fermes des Lakas. Je me voyais près de revoir des hommes de mon pays et de goûter l'animal repos qui suit les équipées africaines. Et pourtant, je n'éprouvais nul contentement. Je sentais en moi un vide angoissant, une inexplicable tristesse devant la fuite des heures qui emporterait bientôt ce qui avait été ma vie pendant tant de mois, rêves et souvenirs.

Lamé est presque une ville, pour ce pays où les villages ne sont que quelques groupes de cases endormies parmi les solitudes profondes. De très loin, je voyais ses murs bas, gris comme la terre, dominés par ces tourelles basses où s'entasse le mil nourricier.

Parmi le désert gris où toute chose apparaissait avec une précision parfaite, elle semblait un archaïque château-fort, ou une de ces naïves villes d'Orient qui figurent sur les vieilles éditions des histoires du sire de Joinville.

Elle m'apparaissait comme une chose morte et périmée, comme une vision abolie, inattendue et impossible, comme un rêve biblique.

Dans le tata du chef où de grandes cours, nettes comme des aires, s'ouvraient parmi le dédale des maisons basses, des cases destinées aux chevaux et des tourelles emplies de mil, je vis un vieillard qui s'avançait au devant de moi, suivi de plusieurs hommes plus jeunes et tous vêtus de gandourahs éclatantes.

Il me fait de longues doléances :

— Autrefois, j'avais beaucoup de femmes ; j'en avais plus de cent, et de beaux troupeaux et du mil en abondance. Aujourd'hui, je n'ai plus rien ; les femmes sont mortes. Il n'y a plus d'hommes dans mon village et plus de troupeaux dans la campagne.

Je comprends qu'il y a eu une épidémie de variole dans le pays, qu'une disette de trois ans a achevé de ruiner. Pourtant le vieux Lamé m'apporte des pains de mil, deux jarres de lait, deux paniers d'arachides, des œufs, des poules, un beau mouton et une grande amphore de dolo mousseux et pétillant.

Je fais porter du lait et des œufs à Sama. Il est dans une case, étendu sur une natte, presque dévêtu, et ruisselant de sueur. Il est couché sur le dos, les genoux relevés et les bras en croix. De sa gorge sort un bruit rauque et court qui emplit seul le silence de la chambre nue. Il est oppressé et, chaque fois qu'il respire, on dirait un hoquet final. Et c'est sinistre, ce grand corps maigre qui râle abandonné sur sa natte, parmi le soir violet, parmi la mort du soleil.

Je l'appelle...

— Sama !... Sama !...

Il tourne vers moi ses grands yeux de gazelle et sourit doucement.

— Sama, libri n'dai aséné, goui koré aséné ; me nô tigidi, me iummo tigidi [1].

Il jette une de ses mains vers moi, en un geste qui est presque de nos races, et il dit simplement :

— Mi in mé, marzi, mi in mé dokdok [2].

Ce sera pour cette nuit, pensai-je en le quittant. Peut-être pour demain.

---

1. Sama, il y a du lait, il y a des œufs. Bois un peu, mange un peu.

2. Je te connais, maréchal des logis. Je te connais bien (c'est-à-dire je t'aime bien).

XIII

Et ce fut le lendemain, par une journée claire et blême comme les autres, au village de Zâlé, petit bourg de terre grise tout rempli d'ombre et de silence, jeté, pareil aux autres, parmi la plaine mortelle et sépulcrale. Tout le jour, j'avais marché lentement près de Sama, avec ce fiévreux désir de gagner du terrain sans relâche, pour arriver plus tôt à Léré où serait le repos de tous et la fin pour moi de la mort qui m'accablait davantage de minute en minute. Sama, en quelques jours, était devenu maigre, si maigre que les os saillaient sous la peau mate et tendue. A sa vue, — lui aimable pourtant et comme jadis — s'exaltait en moi une grande pitié. Qu'était-ce pourtant que cette petite chose qui partait ? Si peu de chose, ou rien, rien qui valût la peine d'une émotion ou d'une tristesse. Un noir meurt sur la route, et l'on marche, et c'est fini...

Mais toute résolution s'effaçait devant cette agonie si douce, si sauvage, si anonyme.

Les villages bien enclos s'égrènent. Maëzan, Toaré, Bichi Mafou, Bappi, Bichi Malfi. Et parfois, près d'un village, on voit un homme, un rude Moundang ; il a l'air indolent et obstiné du travailleur de la terre. Dans le tata du vieux Zâlé, il y a un petit pavillon à toit pointu dont le chaume s'effondre de toutes parts. Autour se pressent les maisons de terre où les femmes peinent avec patience. Des enfants avec de gros bedons, tout mafflus, entrent par la grande porte en paille dont la clochette tinte clair dans le murmure confus de l'arrivée. Et Zâlé apporte un petit escabeau de bois grossier, pour le blanc, une natte pour lui-même, et une amphore emplie de dolo.

Il s'étend à terre, sans rien dire, nullement étonné, comme s'il m'attendait depuis longtemps ; il fume sa longue pipe ; il dit des phrases brèves aux enfants et ne pense à rien. Moi, je vais voir Sama. Il est caché dans un recoin obscur de la ferme où s'entassent des jarres pansues et de belles amphores. Là, près d'un bon feu que j'ai fait allumer — car les Bayas soignent peu leurs malades — il halète doucement, avec un bruit de gorge qui fait mal. L'âcre fumée m'emplit les yeux ; je retourne auprès de Zâlé. Le vieux n'a pas bougé. Mais je lui fais signe de partir et me voilà seul, avec la mort qui est là, tout près. Je m'ennuie ; je ne pense à rien, non, à rien, ni à Sama, ni à personne, ni à rien. Alors je m'étends sur mon lit de camp, sans désirs, las, anéanti.

Soudain des cris aigus partent de la case où repose Sama. Je me dis simplement : il est mort... et je sors lentement. Devant la porte, les femmes bayas hurlent sauvagement, et dedans, les hommes gémissent, à genoux sur le sol, le corps penché et tâtant le pauvre être avec leurs mains, en un beau geste animal d'effroi devant la mort. Sama respire encore, mais c'est de loin en loin un soupir. Et puis cela s'arrête, comme une montre qui cesse de battre ; et c'est fini...

Quelle mort étrange ! quelle étrange chose que l'on puisse mourir ainsi ! Que s'est-il passé ? Je touche le corps de Sama ; il est déjà froid.

C'est fini... Et c'est si peu de chose que ce noir, qui est mort un soir à Zâlé... Toute la nuit, j'ai écouté les chants funèbres des Bayas. C'est un thrène exténuant et monotone. Une note déchirante se prolonge et décroît en gamme chromatique pour finir sur une note profonde, à peine tenue et suivie d'un court silence. Puis la plainte éclate encore, toujours semblable, pleine de douleur et d'abandon.

Ils l'aimaient donc, eux qui ne l'ont jamais soigné. Nous ne comprenons pas cela, nous autres, mais c'est baya. Chanson de la mort, lamentez-vous. Endormez les sens et la pensée.

Demain, nous irons ailleurs et vous vous tairez. Pleurez ce soir, sous la lumière fantasque de la lune. Il est parti dans le néant, l'étrange ami des routes lointaines, l'éphémère compagnon que j'eusse voulu connaître...

XIV

Non loin du village, il y avait un arbre, un nété solitaire d'où pendaient des gousses allongées semblables à de grosses larmes noires. C'est là que les Bayas ont creusé un grand trou pour Sama. Puis ils ont enveloppé son corps avec une grande étoffe blanche qui m'était restée à travers les vicissitudes de la route. Comme le soleil allait se lever, ils portèrent l'enfant à la tombe ; ils le mirent dans le trou, accroupi, les mains aux genoux, la tête penchée sur la poitrine, et tournée vers le soleil levant. Puis ils poussèrent la terre avec hâte et il n'y eut plus que l'argile unie et grise, sans rien pour annoncer la mort et prévenir le passant. Quand le soleil incendia l'Est de ses lueurs rouges, les chants funèbres cessèrent et les Bayas se dispersèrent. C'était l'heure de partir, mais, pendant qu'un boy sellait mon cheval, je restais sous le grand nété qui allait abriter Sama pour toujours...

. . . .

Combien de fois ai-je vu cela ? Combien de fois ai-je entendu les funèbres chants bayas ? Combien d'hommes ai-je vu mourir, et j'avais un cœur dur de soldat, cette volonté latente de ne pas ternir la beauté de l'action par des sentimentalismes vains...

. . . .

Et ce jour-là, j'étais triste et veule et lâche et las...

Fuir ! Fuir ! Atteindre Léré... Là je trouverai sans doute un camarade. On parlera du service et on racontera des histoires de chasse, et les découragements de la route ne seront plus.

Je marche à pied très vite. Léré est loin. Un petit vent de jeunesse et de douceur circule dans l'air léger. Une odeur exquise et délicate s'exhale de l'herbe courte. Quelquefois, un acacia épineux, quelques ronces, et c'est tout.

Mais je ne quitte pas des yeux la grande ligne pure de l'horizon qui ondule comme une grande houle marine. On cherche un point de repère, tout là-bas, sur la mouvante circonférence. Puis on atteint la ligne qui nous encerclait tout à l'heure. Une autre ondulation émerge au loin et c'est toujours pareil, la terre, le ciel, presque fondus dans la même nuance tendre. Je pense à cela seulement, que peut-être, derrière le prochain horizon, apparaîtra un paysage nouveau et merveilleux. Mais non! C'est la même ligne, éternellement, sans espoir d'autre chose, sans répit... Le soleil monte... monte... Il est presque au zénith... Le large lit sablonneux d'une rivière à sec, et puis c'est encore l'éternelle argile qui semble crépiter sous le feu ardent du soleil.

Fuir!.. Fuir!... Le soleil commence à redescendre lentement vers notre gauche. De temps en temps, on rencontre des points d'eau, de petits puits où les hommes se penchent pour boire avidement. Des petites bourgades de terre, Dagon, Bikouloum, stagnent parmi la solitude embrasée. Comme d'impénétrables termitières, les châteaux-forts surgissent aux creux des plissements monotones de la plaine. Un peu de vie agricole et familiale y végète. Les grands bœufs bossus paissent aux entours des maisons. Des cactus sombres se pressent par endroits. Le soleil, maintenant très bas, nage dans une buée légère faite de lumière rose. Toute chose s'enveloppe de brouillard, irradié de clarté diffuse.

D'une dernière ondulation, nous sommes descendus dans une immense plaine herbeuse. A notre gauche se dessine une petite colline qui vient mourir en pente douce près du sentier, tandis que là-bas, vers le Nord-Est, s'étire une mince ligne d'argent bordée de rose. Je devine le lac de Tréné. Léré bientôt !. L'oubli de la grande paix ! L'oubli !...

Il fait presque nuit. On marche longtemps, encore. On ne pense plus à rien, anéanti par douze heures d'implacable soleil. Soudain, un nom traverse ma mémoire : Sama ! Comme il est loin déjà ! Comme il n'est plus ! Mais voici apparaître, dans l'ombre, des fermes moundangs largement établies aux flancs à peine inclinés de faibles coteaux. De longs troupeaux mugissent vers la ville prochaine... Puis une vision douce : une rivière aux plages sablonneuses où s'ébattent d'innombrables indigènes. Les uns portent des amphores qu'ils emplissent d'eau. D'autres se baignent dans l'eau dorée à peine par un ultime rayon. Ils semblent de petites figurines qui dansent dans un idéal décor. Nul bruit, mais seulement un murmure indistinct qui semble venir de loin... Sur la rive adverse, au sommet de la colline, s'étale une grande case à toit de chaume.

C'est fini, nous sommes au bord du Mayo Kabi et c'est Léré.... Comme tout le passé est affreusement mort, déjà ....

XV

Dors là-bas, petit Baya, dont le sourire fut doux, aux longues routes d'Afrique, petite âme animale, emplie d'ombre comme les vallées de la Sangha, que tu ne reverras plus. Dors, petit ami que je n'attendais pas, et qui m'a surpris comme une belle contrée que l'on découvre.

Dors là-bas, sur la terre des Moundangs, sous le grand nété de Zâlé. Sur le mystère ami de ton être, s'est abattu le mystère plus sombre de la mort.

Maintenant, que la paix des grandes plaines dorées descende en toi, la grande paix, sur la la terre des Moundangs, là-bas !....

LA BATAILLE DE MARATHON

I

J'éprouve à séjourner plusieurs jours dans un poste après de longues routes chez les Barbares, une indicible tristesse et un morne accablement. A la mince satisfaction de revoir des hommes de ma race, je préfère encore les mystères insoupçonnés de la brousse, ses splendeurs et ses misères. Le repos complet, succédant trop vite à une activité tendue, me semble une petite mort ; il m'inflige cette pénible certitude qu'un peu de ma vie est périmé et qu'un peu de moi est aboli ; que quelque chose est fini qui ne recommencera plus. Dans l'écoulement harmonieux des heures, c'est une solution de continuité qui me blesse et me contraint brutalement de m'entretenir avec moi-même.

A Léré, les ressouvenirs de cette campagne me hantaient. La pensée de Sama ne m'avait pas encore quitté et je m'en gourmandais sans pouvoir me guérir, ni oublier. Le sentimentalisme vain dont j'étais victime m'irritait. N'étais-je pas la brute, le traîneur de sabre, le soudard ? Mais non ! Ces deux grands yeux où j'avais voulu lire un jour, fermés maintenant à tout jamais, ne voulaient plus me quitter....

Le lendemain de mon arrivée à Léré, je fis seller un cheval et je partis pour Binder. Binder ! Ce nom chantait doucement à ma mémoire, comme une chanson exotique que l'on apprend. Dès mon départ, je sentis presque un avertissement que je l'aimerais. Je me la figurais immense, toute blanche et orientale, avec des odeurs éparses de sérail, une vie intime et violente. En 1903, le Commandant Lenfant, allant au Tchad, était passé par là. Je me rappelais sa belle description : « Bindéré-Foulbé est une ville de six à huit mille habitants, longue de deux kilomètres et large d'un. Les villages suburbains s'étendent à vingt kilomètres vers le Sud, à quatre lieues au Nord ; il y en a beaucoup dans l'Est et dans l'Ouest, en sorte que la population totale doit être d'environ quarante mille âmes... — La maison du Roi n'est pas très luxueuse ; c'est un caravansérail recouvert de terrasses, mais propre et bien tenu. Une grande place, ornée d'arbres séculaires, sépare le palais de la mosquée... Il est difficile de trouver en Afrique des territoires plus riches que celui où nous sommes. De beaux champs de mil, des rizières, du maïs, du tabac, des légumes, des lougans d'arachides à perte de vue, voilà ce qu'il faut traverser pour arriver à Bindéré-Foulbé. Le bétail abonde et pullule, des troupeaux magnifiques paissent en septembre l'herbe des déclivités, tandis qu'en janvier le pâturage n'existe que près des mares seulement... La ville laisse émerger de ses toitures les cimes des papaiers, des citronniers et des dattiers, tandis qu'autour des cases, on voit de beaux jardins où le coton, le chanvre, les girofles et les oignons poussent à l'envi[1] ».

A vrai dire, ce que j'allais surtout chercher à Binder, c'était le reflet d'un passé mort, l'émotion, jusqu'ici inéprouvée, de voir non plus seulement des maisons et des paysages, mais dans ces maisons et dans ces paysages, une histoire, une âme ancienne et perpétuelle, la joie de se sentir, dans le présent même, rattaché à des temps antérieurs, même mystérieux et voilés d'obscurité. Et j'espérais aussi deviner quelque chose de cette grande aventure des Foulbés, de leurs fabuleux voyages à travers l'Afrique, de leurs longs exodes de pasteurs et de nomades.

Je mis deux jours pour franchir les soixante kilomètres qui séparent Léré de Binder.

J'aurais voulu m'attarder davantage encore dans cette campagne triste et monotone, toute emplie du frêle et sensuel parfum des mimosas épineux, mais si pareille toujours, semblable

1. Commandant Lenfant, *La grande route du Tchad*, Paris, 1905, pages 125 et 126.

à la mort elle-même et léthargique. Elle me mit dans un état d'âme approprié et me prépara à voir la ville sacrée des Foulbés. Dès les premiers villages, Ellboré, Momboré, on croit respirer comme un parfum d'Islam. C'est une émotion étrange et délicieuse. Il semble que toutes les sévérités, toutes les aspérités de nos âmes chrétiennes disparaissent devant la grande, la définitive paix de l'Islam. C'est un engourdissement de tout l'être, un peu morbide, avec de la décomposition et de la pourriture, et un sensualisme, non point aigu, mais délicat et envahissant. Près d'un gommier en fleurs, j'ai vu, sur la route, un crâne et des ossements qui tombaient presque en poussière. La vue de ces débris et les douces odeurs qui flottaient sur toutes choses, me plurent également, comme des témoignages attendus. Je voulus voir, dans cet infime détail que j'ose à peine rapporter, un symbole de cette âme musulmane, la même toujours depuis l'hégire, la même partout, jusqu'aux confins de la Marmara, mais ici atténuée, adoucie, merveilleusement adaptée à ces êtres doux, point guerriers ni combatifs, aux goût simples et familiaux. De molles odeurs sont aussi dans cette âme, aussi subtiles que celles qui traînent parmi les branches épineuses des mimosas de Binder, si fluides qu'elles semblent descendre du ciel. Et pourtant on y sent la vieille lassitude, l'accablement de la foi, qui laisse au cœur qu'elle a touché cette mortelle impression des ossuaires bretons, cachés dans les cryptes des chapelles, où l'on renifle le glacial et délétère parfum de la mort.

II

Les approches de Binder ! C'est presque l'entrée dans un monde nouveau... Au loin, on voit la ville toute grise avec ses jardins baignés de soleil, ses murs bas, ses maisons toutes pareilles, tableau d'une unité vraiment parfaite, en qui l'on sent une âme identique, une âme grise, impersonnelle, répandue partout, une âme sans violence, infiniment triste et harmonieuse. Pas une maison ne s'élève au-dessus des autres. Nul être ici n'a voulu faire mieux que les autres et tous vivent la même vie, pastorale et simple, et enfermée dans une foi mélancolique. Les maisons resserrées parmi la plaine basse, d'une nuance presque semblable à celle du sol, semblent un accident naturel du terrain. Elles sont adaptées au pays même, comme les hommes sont adaptés à elles, et l'ensemble est d'une eurythmie reposante. Aux entours de la ville, c'est une unité, une simplicité pareilles. Les sables micacés des molles dépressions, l'éternelle argile violacée de l'Afrique donnent à la campagne de Binder un aspect clair, un peu rude et l'impression de quelque chose de minéral.

Point d'abondance ; mais cette sobriété même évoque des images de bonheur ; elle évoque les vies encloses dans la foi facile, sans passions fortes et sans excès. Elle donne l'idée de la vieillesse. Elle surprend, car elle semble recéler des passés morts.

Lorque j'entrai dans la ville, si préparé que je fusse à la comprendre et à l'aimer, je me trouvai surpris, dérouté. Pour la première fois, je sentis que je m'accordais vraiment avec les choses et les hommes. Ici, en pleine sauvagerie, après trois mois de route parmi la plus extrême barbarie, je rencontrais une âme,

l'âme foulbé, l'âme silencieuse des Foulbés.
Le décor me plaisait par son insignifiance.
Dans la petite ruelle qui me menait à la place
où s'érigent les cases du lamido[1], c'étaient
deux rangées de murs tendant toutes droites
leurs lignes monotones, une ruelle emplie
de soleil et de silence. Le pas de mon cheval
résonnait clair dans ce grand accablement
de midi. Sous un gommier poussé entre
deux murs, un vieux foulbé à teint presque
blanc, à barbe blanche, égrenait un chapelet.
Tout à coup, une tourelle basse, percée de
deux portes, laissait voir un jardin : un petit
carré planté de chanvre ; un petit carré avec
des cotonniers, et, derrière, une autre muraille
grise semblable aux autres. Personne. Et rien,
que toujours la même chose, si peu de chose !
Point d'orgueil, ni de triomphe... Comme ils
sont vieux pourtant, ces hommes, venus jadis,
dit-on, des profondeurs de l'Orient, toujours
semblables, malgré les horizons entrevus, et
les aventures des routes !...

1. *Lamido*, chef, en foulbé.

« Allah in Allah ! Mahmadou rassoul Allah. »
De la place où un karité séculaire fait un cercle
d'ombre, s'élève le grand cri de l'Islam, si
émouvant dans sa morne ferveur. Le grand
appel du cœur est comme jeté dans le désert.
Nulle voix ne répond, et c'est tout un peuple
pourtant qui clame vers l'Orient sa plainte
monotone. « Allah in Allah! ». J'entends là
un immense découragement en un cœur
apaisé. Si là-bas, vers le Nord, l'Islam est fanatique, ici il est un rêve, un rêve perpétuel
qui enveloppe toute la vie et lui donne sa raison
profonde. L'Islam n'est point une *partie* des
Foulbés, comme le catholicisme est une *partie*
de nous-mêmes. Il est la trame de leur vie ; il
est eux-mêmes. Et tous sont pareils maintenant, tournés vers le Prophète, anéantis dans
sa lumière de mort, irradiée sur eux depuis
des siècles. Sous le grand karité, de lourds
boubous en laine blanche se prosternent et
les têtes baisent la terre. Admirable symbole,
et qui surtout convient bien à ceux-là, enfants
de la terre, amants de la terre ! Geste noble,

geste pur, le même sans doute qui, aux premiers âges, aux débuts de leur humanité, les courbait vers la terre nourricière, transposé aujourd'hui pour servir à l'adoration du Prophète. Un dernier cri s'élève, mais la prière semble se prolonger dans la vie. Elle s'achève dans un néant de songe, dans l'abîme de la tristesse. Je sens la grande durée humaine, la grande durée toujours semblable à elle-même, sans nul effort, et indéfectible. Je sens une grande antiquité humaine, dans le mouvement aboli et dans la stagnation paresseuse de la cité.

III

J'ai vu Binder mourante. Pendant deux jours, j'ai erré parmi ses ruelles paisibles et ses clairs faubourgs. Ce que j'ai vu, c'est de la douceur, de la grâce, de la noblesse. Beaucoup de misère aussi. Depuis que Binder est sous la domination des Allemands, la ville a perdu de son importance.

Les Foulbés ne peuvent s'habituer au joug germanique, trop brutal pour ces êtres délicats et raffinés, trop peu respectueux de leurs coutumes et de leurs traditions. Beaucoup sont morts dans les grands travaux de route entrepris par les Allemands ; d'autres sont partis ailleurs vers les espaces libres, loin de toute contrainte. La ville a aujourd'hui un air d'abandon, presque de ruine, qui ajoute à son charme secret. Elle est propre pourtant, et malgré sa tristesse — celle de toutes les villes où l'Islam est maître — on s'y sent heureux et reposé.

Pendant deux jours, je me suis cru en dehors du temps. Je me suis perdu au milieu des jardins enclos de murs, loin de la vie, loin du présent, et, pendant deux jours, les heures n'ont plus coulé, abolies dans un songe sans fin. Ce n'est point la mort que l'on sent ici, mais des existences diminuées, obscures, toutes pareilles. A les approcher, il me semble que je m'améliore. Parmi ces maisons nues, qu'ornent seules les grandes amphores emplies de mil, près de l'étable où rentrent le soir les bœufs et les génisses aux yeux brillants, j'imagine un roman impossible et délicieux, celui de la vie primitive, toute de pureté sans austérité, dans le demi-sommeil des songes inachevés, pleine de candeur et d'innocence...

Sur la place, des hommes passent, vêtus de longs boubous de laine blanche finement brodée. Ils sont tous semblables, délicats et souples, aux gestes gracieux. Ils ont le nez court, légèrement busqué, la bouche sinueuse et spirituelle, le regard caressant comme celui des Sémites. Nulle ardeur de vivre n'est en eux, nulle tension d'âme ni de pensée. On pense à ces belles races de lévriers, aux attitudes nobles, mais paresseuses.

Que j'aime leur geste d'insouciance aux questions qu'on leur adresse, de jeter les deux mains en avant, la paume en dessus, avec cet imperceptible mouvement des épaules qui semblent lasses... Geste d'insouciance humaine, de découragement humain, sans nulle spiritualité ; un geste qui n'est pas de la désespérance métaphysique, mais un pauvr geste de vérité, avec une lassitude presque physique. Les deux mains jetées vers la terre, c'est-à-dire un geste vraiment terrestre, celui qui s'adresse à la terre, non au ciel.

C'est tout l'Islam, mais non l'Islam du

Nord, absorbé dans des pratiques étroites, plein d'inquiétude et de violence, qui est le grand arrêt de la vie, l'annonce même de la mort parmi la vie. Mais le bon Islam des premiers temps, la bonne parole de Mahomet, la foi des pasteurs. Religion de la vie alors, et beaucoup plus que le christianisme ; religion de la vie, qui s'accommode à elle, qui la prend telle qu'elle est, sans la brusquer ni la violenter, Religion occupée de la terre, très peu mystique. Ici, plus qu'à Fez, plus qu'à Constantinople, plus même qu'à Téhéran, nous pouvons comprendre le véritable sens de l'Islam. Quel étonnement de le retrouver pur, intact, tel sans doute qu'il était, lorsque les disciples, près de la tente et des troupeaux de moutons, écrivaient les paroles du maître sur des feuilles de palmier. Un voyageur qui, vers le milieu du siècle dernier, avait passé de longues années au Soudan et dans toute l'Afrique musulmane, le comte d'Escayrac de Lauture, avait été surpris de trouver dans le fond du désert les mœurs, la langue et la religion de l'Islam con-

servées avec une merveilleuse pureté, au lieu
que cette religion était déformée et enlaidie dans
les centres de civilisation urbaine de l'Afrique
du Nord et de l'Asie [1]. A Binder, dans ce canton
de foi primitive et simplifiée, nulle des superstitions et des dévotions étroites de la Syrie ou de
l'Égypte ne sauraient exister; les derviches et
les oulémas fanatiques du Maroc y seraient des
incompris. « A force de simplifier sa religion,
dit Renan en parlant de l'Arabe bédouin [2], il
en vient presque à la supprimer ; c'est assurément le moins mystique et le moins dévot des
hommes. La religion ne dégénère jamais en
crainte servile ; le monothéisme est moins pour
lui une religion positive qu'une manière de
repousser la superstition. » Ce jugement s'appliquerait en quelque manière au Foulbé. Non
pourtant qu'il arrive à supprimer sa religion.
Sa religion est toute sa vie ; elle l'occupe tout

1. *Le désert et le Soudan*, études sur l'Afrique au nord de l'Equateur, par M. le comte d'Escayrac de Lauture, Paris, 1853, ap. Renan, *Mélanges d'histoire et de voyage*, Paris, 1878, page 300, 305 et 310.
2. *Loc. cit.*, page 312.

entier ; elle est comme la contexture de toute sa vie. Mais à cause de son idéalisme, de sa primitivité, de son insouciance peut-être, le Foulbé méprise les observances exactes du culte. J'ai remarqué qu'il ne pratiquait pas régulièrement l'ablution. Sans doute la saison sèche n'est pas favorable à l'exécution de ce rite. Mais le « teyemmum », ou ablution avec du sable, institué par le Prophète pour les pays dépourvus d'eau, leur est totalement inconnu. Ils boivent le dolo, une bière de maïs fermenté. Ils observent l'esprit et non la lettre. N'est-ce pas la pensée même du Koran, sa véritable pensée première ?

IV

Le soir même de mon arrivée à Binder, j'ai compris, par une vision singulière, le sens de la ville foulbé et son mérite particulier. Sur la place où filtrait un dernier rais de lumière mourante, des cavaliers ont surgi, soudainement apparus dans le décor de murailles grises où il semble que la vie depuis des milliers d'années se soit cristallisée. Le lamido revenait de la chasse avec ses gens. Tous encapuchonnés, vêtus de claires gandourahs, et caracolant sur leurs grands chevaux maigres, aux poitrails enveloppés de longues robes brodées, tous semblables dans le pénultième rayon de soleil qui prolongeait leurs ombres vers moi, un peu barbares, mais aux faces si douces et puériles, et tous groupés en un tableau étrange et harmonieux, sans nul excès, malgré que ce fût une foule en pleine action, sans nulle fausse note, — apparition silencieuse troublant à peine le calme millénaire de l'endroit, — ils avaient des figures toutes pleines de soleil, avec des espaces immenses dans les prunelles, des figures de joie, de contentement parfait, de celui que procurent l'activité du jeu, l'activité normale de tous les muscles et le rythme naturel, modéré, de la vie un peu enclose dans le silence et dans le rêve, un peu restreinte, mais parfaitement équilibrée, disons la joie d'être, d'être seulement.

La joie de l'Islam ! Quelle nouvelle surprenante et imprévue ! De la joie qui n'est presque pas de la joie. Et pourtant quel événement ! quelle grande affaire ! Voilà ce qu'ignore l'Islam de là-bas, l'Islam du Nord, le mauvais Islam d'aujourd'hui !

J'ai vu un instant le lamido. Il est aussi le *maloum djingui*, le chef religieux de Binder.

Il m'a paru très doux, plein d'ennui et un peu bête. Un peu animal. Et avec de la race, la finesse des hommes de son sang. Mais semblable aux autres, point supérieur, ni inférieur, un homme qui a simplement un peu plus de bœufs que les autres, un peu plus de femmes, un peu plus de cases... Très vite, l'ombre s'est faite totale. Il ne reste plus que là-bas une traînée sanglante à l'occident. Que j'aime ces couchers de soleil du pays de Binder, point solennels, sans aucun tralala, si vite faits qu'on n'a pas le temps de chercher le soleil pour l'accompagner d'un dernier regard !

Sans solennité, de même que rien ici n'a de solennité. Comme tout à l'heure, la place est vide. Seul un Foulbé, sous le grand tamarinier de la mosquée, égrène son chapelet, tandis que dans l'intérieur s'élève la voix surnaturelle du marabout... « Allah in Allah ! ». La grande vision de la vie s'est évanouie, et c'est comme avant, comme après...

Je suis descendu vers le mayo [1]. Il longe la

---

1. *Mayo*, rivière. C'est le mayo Binder (rivière de Binder).

partie nord de la ville. Une large avenue, bordée de petits champs de coton, de pauvres cases éparses avec des greniers à mil aux coupoles grises, çà et là, et puis, c'est le grand lit sablonneux de la rivière, en ce moment à sec, un grand fleuve de sable, immobile et endormi. On a l'impression d'un grand cataclysme qui aurait arrêté la vie du fleuve, qui l'aurait figé dans sa nonchalante attitude.

Terre de désastre qui semble ancienne, préhistorique ; l'écorce nue et inchangée de la terre, figée elle aussi parmi l'universel devenir. Terre de banlieue avec la tristesse des banlieues. La plaine s'allonge, sans un coin qui sourie, sans un carré de terre arable. Seulement des cycles de muraille — les villages des environs — coupent la grande circonférence de l'horizon. Et partout ailleurs, c'est le vieux sol rocheux de la vieille terre, où rien n'est venu s'ajouter, la vieille matière qui fait songer à une planète sans vie, roulant, encore informe, dans le primitif chaos...

De l'autre côté du mayo, je m'arrête plein

de respect et d'amour. A mes pieds, l'herbe est grise ; elle a la couleur de la terre : tout a la couleur de la terre. Je me sens chez moi, comme, sur mes rochers de Bréhat, je contemple la mer familière qui est un peu mienne.

Voici la terre d'Afrique. Ceci, c'est l'Afrique. Elle est toute là, et aucun mot de ma langue ne peut la dire. Un souffle descend du ciel, chaud et voluptueux, plein de senteurs imprécises... Ce n'est pas le printemps, ni l'automne, ni l'hiver, ni l'été. C'est l'immortelle saison de l'Afrique qui me parle un langage nouveau et délicieux.

Lentement, un long troupeau de bœufs va vers la ville. Le petit Foulbé qui le mène porte une braie courte qui laisse nus ses bras et ses jambes. J'admire son air sérieux, et comme ses grands yeux noirs sont graves, tout grands ouverts, avec du feu dedans, des yeux d'enfant qui semblent avoir tout vu et tout savoir. C'est un pâtre, mais si peu pastoral ! Ni flûte, ni pipeaux, ni chanson... Il ne chante pas... Les grands bœufs bossus marchent tout seuls, d'un pas égal ; eux aussi paraissent d'un autre âge, avec leurs longues cornes minces, leurs jambes hautes et nerveuses. L'enfant s'arrête ; dans le lit de sable du mayo, de petits puits sont creusés ; tout près du sol, on trouve une eau claire et légère qui semble enfermée là comme dans une vasque.

L'enfant se penche et il boit avec un geste sauvage : il envoie l'eau dans sa bouche avec le bout des doigts, très vite... Je suis rentré derrière le troupeau. La place était pleine d'ombre. Il s'est mis à souffler un vent violent qui n'a pas cessé de toute la nuit.

V

Onze heures... Il vente de partout; il fait froid de partout. Comme avant, il faisait chaud de partout...

Il n'y a pas de direction du froid ni du chaud, ni de rien. Le froid descend du ciel et le vent aussi. Il vire, tourbillonne, s'impatiente, fonce verticalement sur la pauvre terre nue. Je couche dehors ; il fait bon d'être dans le vent et le froid, une fois. C'est une nuit de fièvre, sans fièvre, toutefois, mais de fièvre d'avoir vu, d'avoir senti. Comme on est perdu, loin de tout, enseveli, englouti dans l'Afrique, au plus profond de l'Afrique.

Voici quatre mois et plus, que je n'ai reçu

de nouvelles de mon pays et des miens. On a marché simplement, sans hâte, très longtemps. On a vu des forêts, des montagnes, des plaines, des fleuves, des villages avec toujours les pieds sur la bonne terre, en contact direct avec la terre, et le cœur en commerce intime avec le cœur des choses, sans aucune idée adventice, ou étrangère, sans que rien s'interposât entre nous et les choses. Et puis ce fut Binder, le point le plus septentrional de notre parcours...

Je revois la ville si belle dans le soleil de midi, si simple, sans beaux costumes, sans belles maisons, sans rien de beau, sans rien à *voir*, mais dont l'âme imprécise, familière et religieuse, simple, tendue, vous enveloppe comme la caresse automnale de nos vents de l'Ile de France ; les maisons toutes nues parmi la terre nue et les coupoles de terre où s'entasse le mil pour la saison sèche, économie et prévoyance paysannes, les coupoles grises de ces gens qui connaissent leur terre, qui savent qu'elle est mauvaise, et bonne tout de même ; les vieillards, pas très nombreux, et les femmes, point voilées, telles Kadichah, Aïcha, et les femmes du Prophète, pas beaucoup de femmes, pourtant, dans les ruelles et sur les places, sauf quelques vieilles sur le marché qui vendent des arachides et des paniers, pauvres marchandises étalées sur la terre ; et les enfants surtout, dans tous les coins, sortant de partout, le sourire de la ville, enfants, enfantelets, garçons, filles, avec des petites chemises de lin très courtes, ou tous nus, toutes nues, ou avec une petite sonnette qui leur pend au ventre, très agiles, souples comme les bambini florentins, avec de bons yeux, et de grandes dents blanches, bien rangées, un peu animaux, un peu chats, familiers, déjà faits et formés pour la plupart, de petits hommes et de petites femmes, qui ne rient pas, mais qui s'amusent, qui jouent dans la poussière, sans rire, qui jouent sans jouets et qui sont heureux ; et puis, le grand crépuscule, simple, que la vie humaine ne dépare pas, où tout se mêle en une profonde harmonie, le soleil et la terre, et les longs troupeaux de bœufs qui rentrent, et la voix du marabout, qui invoque Allah avant le sommeil, avant la nuit bienfaisante et douce... Tout cela, venu là un jour, poussé là, venu on ne sait d'où, on ne sait quand, venu de l'Orient, venu de la Perse, venu de l'Égypte, venu de tous les pays où la pensée va se perdre et que nous ne saurons jamais...

VI

Dans un faubourg qui se trouve au nord-est de la ville, j'ai vu le bourdonnement des métiers, des travailleurs, mais des travailleurs heureux, des métiers propres, paisibles, patriarcaux, où le rude effort ne se sent pas. Pour aller là, il faut descendre une large sente pierreuse, toujours animée et emplie de fine brume solaire où tout passe sans bruit, les jeunes hommes assis sur des ânes, tout à l'extrémité de la croupe, les jambes pendantes, les femmes avec des amphores, graciles et souriantes, les vieillards dans leurs grandes robes flottantes. Parmi le faubourg, ce sont des ruelles étroites, entre deux murs, et puis des places, où de pauvres arbres font un peu d'ombre claire.

Là, des hommes tissent de la laine blanche toute la journée. Les fils tendus au long des murs viennent se croiser sur l'étroit métier où l'homme travaille, assis sur un escabeau de bois. Je ne me lasse pas de les regarder : c'est toujours une belle chose que de contempler le bon travail humain. Mais ici quel calme, quel silence, quelle élégance dans les gestes et dans l'action ! Je crois voir ces tisserands aux mouvements précis qui sont figurés sur les sarcophages égyptiens. Ces hommes jeunes, silhouettes vives sur les murailles grises que vient fouiller le soleil à travers les figuiers des places, me semblent légendaires. Pour nous, le travail, c'est la misère et la douleur. Et voici de braves gens qui font leur tâche en paix, au fil des heures, sans hâte, sans tristesse comme sans joie, de braves gens qui s'occupent au bon travail humain, sans penser même, tout doucement, dans le soleil....

Plus loin, il y avait deux vieux, assis sous un

arbre, qui cousaient ensemble les minces bandes d'étoffe sorties des métiers, pour en faire des robes et des boubous. Tout près d'eux étaient quatre puits larges et peu profonds. C'est là que les Foulbés préparent l'indigo, le noir et l'ocre qui servent à la teinture des étoffes. Le soleil inondait de lumière les jardinets enclos de murs délabrés ; même ici, dans ce faubourg de travailleurs, je ressens l'impression du premier jour, sur la place de Binder, celle d'une vie éteinte et ralentie. Je pense que depuis des siècles, les mêmes hommes sont là, tissant la laine de père en fils, sans mauvaises pensées, sans chagrins.

A Binder, il n'y a pas de maçons ; les maisons y sont pauvres et tombent en ruines. C'est un dur métier, de construire une maison. Les Foulbés tissent la laine, cousent les étoffes, cultivent leur petit champ de coton, et conduisent leurs longs troupeaux de bœufs et de génisses. Travaux des champs, travaux des villes, mais travaux propres, travaux nobles qui n'abaissent pas l'homme, qui ne dégradent pas la pauvre machine humaine. Ici, les gestes du travail, comme les gestes du repos, sont empreints d'élégance et de majesté.

Le grand rêve du primitif Islam se poursuit dans l'action. Comme les fils de coton s'enchevêtrent dans l'écheveau, je me plais à supputer tous les rêves d'autrefois, rêves du premier Islam, rêves du pasteur dans le désert, tissus ensemble dans ces âmes primitives.

VII

Mais par delà les faubourgs de la cité, la vie semble se prolonger un peu, avant le grand accablement de la brousse. La campagne sourit parmi les buissons bas et épineux, ondulée à l'infini, comme les grandes vagues de fond de l'Atlantique. Des porteuses de mil, de petits ânes chargés de sacs pesants vont vers Binder. Sur la grande route de Maroua, sur les sables et les pierres de la route, je galope à côté d'un jeune Foulbé. Je connais son nom, c'est Djibril, notre Gabriel (comme Djani est Jean, noms hébreux transmis sans doute par le Koran). Djibril, enfant barbare aux yeux brillants, jeune Centaure farouche et silencieux, partons tous deux, très loin, partons vite, au delà des plaines, au delà des vallées sablonneuses des mayos ; partons vers ces montagnes de rêve qui bleuissent à l'horizon clair, quelque part vers le nord, ailleurs.... Djibril ne dit rien. Les genoux hauts, les jambes nues, les pieds pris dans l'étrier court avec le pouce en dehors du fer, à la manière foulbé, il se laisse aller au rythme du galop, en taquinant la bouche de son grand cheval bai.

Des palmiers hyphènes apparaissent, et des arbustes épineux. Puis à travers des pierres et des rochers, on descend vers un fleuve de sable que surplombent de fauves et maigres frondaisons. Après, c'est une colline noire aux flancs arrondis. Dans un village, une femme m'apporte une petite outre emplie d'une eau glaciale.

Des steppes infinies succèdent aux vallonnements gracieux où chante un hymme printanier. La divine équipée !...

Pendant ces heures de libre chevauchée, en un tel pays, on s'adonne à la terre avec une ferveur sombre qui vous emplit tout entier. On épie la brisure d'une ligne, la couleur d'un lointain, un parfum nouveau qui circule, et l'on voudrait éterniser les mille sensations indistinctes qui sont comme notre éphémère conversation avec les choses. On est en rapport direct avec la terre ; rien ne s'interpose plus entre les hommes et elle. Sentiment d'une primitivité absolue, inconnue partout ailleurs qu'en Afrique... C'est une conversation brutale, et pourtant il en reste en nous quelque chose d'indicible, d'incomparablement triste et sauvage.

Je voulais rentrer à Binder le soir même. je n'avais point de bagages. Mais le soleil était déjà près de l'horizon, et je courais encore après les montagnes bleues que je voyais depuis le matin, vers le Nord-Ouest. Elles grandissaient pourtant et figuraient de grandes masses sombres, sans replis, comme de grandes coulées de laves liquides.

La nuit était presque noire quand j'arrivai avec mon compagnon dans une plaine calcinée, plus sinistre que tout ce que j'avais pu voir jusqu'alors.

A quelques centaines de mètres de notre route, se dressait un monstrueux monolithe, en poussée verticale, surgi vers le ciel, tout droit. Au pied de la montagne, quelques feux marquaient un village.

Nos chevaux ne voulaient plus avancer. Nous décidâmes de coucher là. Près de la case du chef, entourée d'un secco en paille tressée, Djibril me fit cuire un poulet, en le présentant quelques minutes devant un grand feu de bois. Après ce frugal dîner, je m'étendis sur une natte, harassé de fatigue.

Incomparable nuit, dont le souvenir est si vivant en moi, qu'il me possède encore jusqu'à la douleur !

Des rêves incohérents fulguraient en images vives, passaient, emportés par le vent qui tournait autour de la montagne. Je m'éveillais souvent avec un vide effroyable dans le cerveau, la sensation de tomber dans un grand trou sans fin, vertige délicieux qui valait pour moi la possession d'amour la plus aiguë. J'aurais voulu mourir dans ce décor...

Je me levai et je marchai dans ce village, que je n'avais vu qu'à la nuit tombée. Dans l'espace et le temps abolis, je sentis la vie suspendue. Binder aussi, et les grandes steppes de midi, et les rochers noirs de Mindeffa, tout cela n'était-il pas hors de l'espace et hors du temps, hors de la vie ? C'était la grande durée, sans heures, ni minutes, ni secondes, la grande durée dans l'espace infini, qui nous entraîne éternellement dans un gouffre insondable...

VIII

Cette terre pétrée, primitive comme la terre elle-même, aux ornements discrets et sobres, sans excès comme sans accidents ; la vie foulbé, entrevue par delà la simplicité d'un décor évangélique, si constante, toujours si pareille à elle-même, et qui s'est déroulée sans heurts à travers les siècles, sans départs, sans arrivées, comme une immense vague de vie incessamment renouvelée, ses rêves secrets et ses extases nous préparent à recevoir de hauts enseignements.

Les nécessités de l'existence réduites au minimum, tous les actes épurés par un ascétisme supérieur, exempt de toute laideur et de tout excès, permettent ici de mieux écouter la pulsation de la vie. L'attention à la vie portée à son point le plus aigu, voilà la leçon nouvelle que nous donne Binder. Toutes les heures que j'y passai furent tellement tendues, tellement teintées d'éternité, qu'elles m'apparaissent maintenant comme en dehors de mon existence, sans rapport avec les heures qui furent avant et après. Tous les symboles que j'avais appris autrefois, toutes les intellectualités qui me possédaient, s'évanouirent. Je fus entraîné par un immense fleuve de poésie intense et lumineuse.

Le passé même, le grand passé d'Islam, c'était une sensation animale de passé ; non pas un repère historique (comme on l'aurait à Florence, ou à Rome), mais un moyen naturel de me baigner dans la réalité mouvante du présent. Pendant quatre jours, je fus plongé dans un abîme de félicité. Je crois avoir connu la plénitude du bonheur pour avoir suivi avec amour d'humbles gestes humains, loin de mon temps et de mon pays. La grande paix de la cité en qui toute chose s'harmonise, me fut, plus qu'un repos, une farouche et singulière volupté.

Minutes divines qui valent combien d'années de découragement et de médiocrité...

IX

Ce fut par un clair et silencieux matin que je quittai Binder pour retourner à Léré. Les mimosas épineux épandaient toujours dans la campagne leurs blondes odeurs amoureuses. Je m'arrêtai dans tous les villages. Comme avant, j'y trouvai la vie paysanne, toute humble et anonyme. A Ellboré, je m'arrêtai devant le lieu de la prière, comme devant le dernier sanctuaire de l'Islam avant la barbarie. C'est un simple mur rectangulaire, peu élevé au-dessus du sol et sans toiture. Du côté de l'ouest, une ouverture est ménagée pour servir d'entrée. Au fond, la muraille est évidée en demi-cercle ; c'est la place du marabout. Pas un ornement ni un amusement. Cette simplicité est plus touchante que les nobles architectures de Stamboul, plus belle encore que l'antique.

En arrivant près de Léré, le pays devient âpre. La terre se crispe en monticules de pierre d'une désespérante aridité. Les palmiers nains et les rôniers sont le seul ornement de ces campagnes. Vers trois heures, je parviens à un village d'où j'aperçois vers l'Est de belles collines roses aux sommets arrondis. Je crois reconnaître les approches du lac de Tréné... Pays ardent comme l'été... Ciel des Tropiques... Sur le sentier pierreux qui passe de loin en loin au milieu des demeures des sauvages, je pense que c'en est fait de la belle ferveur de Binder. La vie du monde me reprend et me possède à nouveau. Je vais voir des êtres que je ne connais pas encore, visiter des pays où je n'ai pas encore posé le pied. Mais je ne retrouverai plus ce bel élan du cœur qui m'a ravi dans les régions les plus voluptueuses des rêves.

Du haut d'une colline, je découvre le lac de

Tréné. Ce nom chante doucement à ma mémoire. Je me le redis sans cesse, comme mes porteurs bayas sur la route chantaient sans se lasser leur éternelle gamme en mineur... Tréné ! c'est un thrène, une caresse lente qui ne s'achève pas, un parfum triste qui se traîne...

De grands oiseaux pêcheurs, des sarcelles, des aigrettes tournent au-dessus de l'eau étale. Des collines roses et violettes enserrent le lac étroit comme un cadre de pierreries, une miniature d'autrefois.

En bas, le Kabi sinue, après un court delta, parmi des prairies vertes qui dorment. Mais à Léré, mon souvenir retourne obstinément vers la vieille ville des Foulbés qui dort là-bas sous l'ardente brume du soleil, parmi l'odeur des mimosas, éternellement.

X

Saura-t-on un jour leur histoire, à ces gens que l'on trouve épars dans toute l'Afrique, divers de langue et de coutume et pourtant de même race, Foulbés de Binder, Peuls, Poullos, Foutankés du Foutah, Fellanis, Foulanis, Fellatas de l'Adamaoua, Fellahs du Nil? Un beau voyage serait d'aller les chercher partout où ils sont, depuis l'ouest de l'Afrique dans le Foutah Djalon, jusque dans l'est, vers la vallée du haut Nil, et peut-être plus loin encore, sur les confins de la Perse. Ce serait l'emploi de toute une vie, d'écouter dans le grand silence des empires foulbés, les voix éparses et indistinctes du passé.

On a beaucoup écrit sur les origines mystérieuses des Peuls. Dans un tel débat, nous ne saurions élever la voix. Notre ignorance de soldat nous contraint au silence respectueux devant le grand labeur de la Science. Je veux dire pourtant une impression que je ressentis très vivement à Binder.

Les hommes que j'y rencontrai me parurent ressembler beaucoup à ces admirables archers perses rapportés par Monsieur et Madame Dieulafoy. A mon retour à Paris, je suis allé au Louvre pour les revoir. Ce sont les mêmes visages ardents et pâles, le même teint chaud et velouté, le même regard liquide et fatigué, le même élancement du corps dans le mouvement harmonieux, la même sveltesse dans l'attitude aisée et naturelle. Je ne dis point une preuve ou une raison, mais la simple impression d'un passant. Si vague, elle me permet de m'orienter, de me retrouver parmi les grands carrefours de l'histoire.

Ces Foulbés viennent de l'Est. Eux-mêmes l'assurent et les vieux du pays savent bien que leurs pères ont habité les pays du soleil levant. Malgré l'opinion de quelques voyageurs, ils n'ont rien de commun avec les Arabes. Le Commandant Lenfant a très bien montré qu'il y a là une confusion injustifiable « Le caractère dominant des Foulbés, dit-il [1], est leur vie nomade, différant de celle des Arabes, par l'installation quasi permanente et plus que précaire de leurs campements, au milieu des zônes marécageuses ; et le trait distinctif entre les Arabes et les Foulbés est une différence absolue de caractère : hauteur, prodigalité, amour du faste, ardeur belliqueuse chez les uns ; aspect craintif, économie, parcimonie, prudence même et inaptitudes guerrières chez les autres. »

Il n'y a également que peu de relations, nous semble-t-il, entre la civilisation foulbé et la civilisation berbère. Les Berbères qui subirent les invasions successives des Romains, des Vandales, des Byzantins et des Arabes et dont le sang est par suite très mélangé de nos jours,

1. *La grande route du Tchad*, Paris, 1905, p. 249.

sont pourtant une race nègre ; ce sont les vieux Numides, les descendants de Syphax et de Jugurtha, famille purement africaine et saharienne. L'organisation démocratique du çof Kabyle ne ressemble en rien à l'organisation politique, plus aristocratique et autoritaire, des Foulbés [1].

D'autre part, le commandant Lenfant nous dit que « les vestiges de la civilisation peule retrouvés, soit dans les tumuli, soit dans les ruines de villages occupés, dit-on, jadis par cette race, nous la représenteraient plutôt comme ayant été longtemps en contact avec les peuples de la vallée du Nil moyen ». Il y a, en tout cas, une indication dans les dénominations de Fellahs (Haut-Nil), et de Fellatas (Adamaoua).

J'ai été frappé, en lisant l'*Histoire des Perses* de M. de Gobineau, des traits de ressemblance que présente, avec les Foulbés, la première civilisation persane, celle des Iraniens où

[1]. Voir le livre de Hanoteau et Letourneux, *La Kabylie et les Coutumes kabyles*, Paris, 1873.

Aryens[1]. Encore ici, il serait malhonnête d'aller des hypothèses — et celles-ci sont bien vagues — aux certitudes, ou même aux probabilités. La lecture des pages de M. de Gobineau a confirmé et rendu pour moi plus séduisante encore ma première impression de Binder.

M. de Gobineau raconte comment les Iraniens sont venus vers les plateaux de la Perse. « Les émigrants, sortis du Nord-Est, s'avançaient dans les terres qu'ils découvraient, menant avec eux leurs femmes, leurs enfants, leurs chiens et leurs troupeaux. Ils marchaient, cherchant, pour s'y établir, un lieu propre à l'agriculture, abondant en pâtis, traversé par des eaux courantes et susceptibles d'être défendu [2] insiste sur ce fait qu'ils étaient essentiellement agriculteurs. La description qu'il fait de la vie iranienne, où les logis et les jardins sont semés sur une surface de terrain indéterminée, est conforme à ce que nous voyons des villes foulbés actuelles et ne

1. *Histoire des Perses*, par le comte de Gorineau, 2 vol., Paris, 1869.
2. *Ibid.*, p. 21, t. Ier.

correspond pas, par contre, à ce que nous savons des villes Nord-Africaines.

L'*Histoire des Perses* nous présente un beau tableau de l'âme iranienne primitive, de sa haute moralité, en même temps qu'elle nous montre les points par où elle diffère de l'âme hébraïque ou sémitique.

« Les Iraniens, dit-il, ont aimé et vanté le travail pour lui-même, tandis que les races sémitiques n'ont jamais accepté la contention d'esprit et de corps que comme la vengeance la plus terrible dont le ciel ait pu s'aviser pour châtier les crimes des humains. Mais les Iraniens ne concevaient l'activité humaine que dans des emplois épurés propres à conserver la moralité de ceux qui s'y livraient. » C'est une observation que nous avons déjà faite à Binder et qui caractérise la race foulbé, qui la différencie des races sémitiques. « Beaucoup de métiers, dit M. de Gobineau, étaient à l'avance déclarés impurs et partant impossibles... »

Jamais préoccupation semblable n'a existé dans les sociétés sémitiques, sémitisées ou romanisées, ni par suite dans les basses classes des sociétés modernes qui ont constamment approuvé, considéré avec faveur et admiration les moyens d'augmenter la richesse et le bien-être de l'homme, sans distinguer aucunement la valeur morale respective de ces moyens... Le Melkart Syrien, l'Hermès Grec et le Mercure italiote n'ont jamais éprouvé d'hésitation sur la manière d'augmenter leur pécule[1]. Telle est sans doute la raison de l'activité restreinte du Foulbé, si remarquable, si l'on considère l'intelligence très fine, toujours orientée vers la pratique, très attachée à la vie dans son plus humble détail, des hommes de race peule.

« Les Arians, vêtus de sayons de peau et de tuniques de laine s'asseyaient au foyer sacré de leurs maisons. Ils se nourrissaient de la chair des troupeaux et surtout de laitages...[2] » Je crois revoir, en relisant ces lignes, les petites fermes des Foulbés, les troupeaux qui se

1. *Histoire des Perses*, etc., t. Ier, pp. 28, 29 30.
2. Page 31.

hâtent dans le soir vers les villages, les enfants tirant le pis lourd des génisses. C'est un fait digne de notre attention, de voir les Foulbés n'utiliser que très rarement la viande que pourrait leur donner le bétail et se nourrir presque exclusivement de laitage.

Ces Iraniens ne connaissaient comme arme de guerre que l'arc et la flèche. C'est là une coutume très caractéristique...

ΑΙΣΧΥΛΟΥ ΠΕΡΣΑΙ, 81-86.

> Κυανοῦν δ'ὄμμασι λεύσσων
> φονίου δέργμα δράκοντος,
> πολύχειρ καὶ πολυναύτας
> σύριόν δ'ἅρμα διώκων,
> ἐπάγει δουρικλύτοις ἀν-
> δράσι τοξόδαμνον Ἄρη [1].

Il me semble que j'ai vu ces hommes. Ce sont les mêmes qui chaque année quittent les landes brûlées et dévastées du Boubandjidda

---

1. « Le sinistre éclair aux yeux, dragon au regard sanglant, aux bras nombreux, aux navires nombreux, monté sur son char syrien, il (Darius) précipite sur les hommes de la lance l'Arès à l'arc redouté. »

pour venir razzier les plaines fertiles du Logone.

Armés d'arcs et de flèches, montés sur leurs petits chevaux aux harnachements de cuir rouge brodés d'or fauve, ils accourent en hordes nombreuses et ramassent sur leur route les bœufs, les captifs et les femmes. Les mêmes peut-être qui avaient tant étonné Eschyle et qu'il appelait les Barbares.

On a déjà remarqué que les bœufs des Foulbés sont semblables aux races de bœufs du centre de l'Asie. On pourrait assurer que les bœufs actuels des pays peuls sont venus autrefois des plateaux asiatiques, poussés en avant par les émigrants. « La race des bêtes à corne employée par les Arians, dit M. de Gobineau [1], appartenait à l'espèce bossue que les Persans actuels nomment « bœufs du Seystan » et qui se montre sur quelques espèces de dariques et sur beaucoup de pierres gravées et de monnaies arsacides. Ce sont des animaux à forme délicate et dont l'œil est brillant

1. *Histoire des Perses*, etc., t. Ier, p. 34.

d'intelligence. » Ici nous nous trouvons en face d'un fait précis qui nous encourage dans notre hypothèse et lui donne quelque fondement.

Mais M. de Gobineau ajoute que les taureaux et les vaches des premiers Persans leur servaient de bêtes de charge et même de montures. C'est là une particularité étrange des pays peuls. Le bœuf d'Afrique est toujours un animal de bât et un animal de selle. Comme chez les Iraniens, premiers habitants de la Perse, le bétail sert aux Foulbés moins à la consommation de la viande qu'au transport, ou à l'emploi du laitage comme base de l'alimentation.

Quant à la peinture que fait M. de Gobineau de la vie familiale des premiers Arians ou Perses, je crois y reconnaître toute la douceur et toute la gravité des Foulbés.

L'ancêtre vénéré, la femme écoutée et respectée, malgré la situation d'infériorité où la met l'Islam, les enfants aimés et soignés comme la plus belle parure de la famille, telles sont la maison foulbé et l'ancienne maison iranienne.

« Religieux, les Iraniens l'étaient au suprême degré, » nous dit M. de Gobineau [1]. Comment s'étonner qu'ils aient choisi l'Islam, qu'ils s'y soient donnés tout entiers avec tant de ferveur, jusqu'à en faire le fond même et le tissu premier de leur existence ?...

Maintenant, bien des mois après mon passage à Binder, j'essaie de rétablir la suite des âges et d'évoquer le passé avec précision. Du fond des siècles je les vois venir ; ils traversent des steppes désolées et de rouges déserts. Conduits par le soleil couchant, ils passent l'Arabie pétrée, après avoir laissé derrière eux les hauts plateaux de la Sogdiane et de la Bactriane. Voici l'isthme de Suez, puis l'Égypte, qui fut longtemps une province de la Perse et dont Cambyse fit la conquête.

Ils remontent l'insigne vallée du Nil, puis ils reprennent leur route vers l'occident. Ici nous ne savons rien... Poussés par d'obscurs désastres, ils traversent le continent noir et, après ce fabuleux voyage, ils fondent leur empire

---

1. *Histoire des Perses*, etc., p. 38.

dans le Foutah Djalon, à l'extrémité occidentale de l'Afrique.

Plus tard, ils se répandent et se diffusent, mais cette fois-ci vers l'Est, et de nouveau les plaines du Soudan voient passer ces grands barbares, suivis de bœufs et d'esclaves innombrables, d'hommes à la peau noire et d'hommes à la peau presque blanche, tous poussés par l'étrange et merveilleuse aventure.

Ils vont dans le Macina, dans le Sokoto, puis vers le Sud, dans les montagnes de l'Adamaoua, partout où les sauvages ne les empêchent pas de passer en leur opposant d'infranchissables barrières.

Du fond des siècles, je les vois encore, ces beaux et sveltes barbares, attirés vers la Grèce invinciblement, bondissant vers la Grèce en cohortes indénombrables...

« Et nous, hors d'haleine, nous nous sommes jetés à travers le pays des Phocéens, la Doride, vers le golfe Maliaque, aux terres abreuvées des douces eaux du Sperchios, pour arriver, exténués de besoin, aux plaines de l'Achaïe Phtiotide, à la capitale des Thessaliens. Là, le plus grand nombre mourut de soif, de faim, deux maux dont nous souffrions également. Par le territoire des Magnésiens, le pays des Macédoniens, le cours de l'Axios, les joncs et les marécages de Bolbé, la croupe du Pangée, nous atteignîmes les confins d'Edonie... »

Ainsi parle le messager dans les « Perses » d'Eschyle. Après Marathon et après Salamine, les Perses durent quitter pour toujours la terre divine de l'Hellade. Que serait-il advenu si les Perses d'alors, peut-être les Foulbés d'aujourd'hui, eussent vaincu la poignée de Grecs qui défendaient en ce temps ce qui est devenu notre idéal latin? Peut-être le grand rêve de l'Islam nous dominerait-il maintenant et aurions-nous trouvé dans les campagnes de Binder, non plus des étrangers, mais des frères et des synnoètes...

IMPRESSIONS DE LAI

I

Sur le sentier rose qui mène de N'Draï-Golo à Laï, j'éprouvais, ce matin de mars, un sentiment de bonheur ineffable et de parfaite équanimité. Ces heures d'Afrique sont inoubliables, où nous nous sentons en complet accord avec les choses, où toute forme, toute nuance nous paraît adaptée à l'état de notre âme. Cette fois-là, je me faisais réellement complice du paysage pour exalter en moi une sorte de ferveur mystique qui semblait lui donner sa valeur vraie.

L'unité de ces tableaux de solitude, la parfaite simplicité des lignes, avec je ne sais quel air de désolation sereine, suffisaient à rendre la perception plus immédiate, la sensation plus animale, et, par suite, aidaient à nous faire descendre jusqu'au plus profond de nous-même, sans nul effort et comme par jeu...

Le sentier longe constamment la rive droite du fleuve. Le Logone, ici très large, s'écoule paisiblement dans son lit, encombré en cette saison de bancs de sable infiniment dorés sous la lumière — déjà ardente — du jour naissant. On dirait une grande route abandonnée, tracée toute droite comme une voie romaine, une grande route aux mystérieuses destinées. Le Logone, c'est le point de repère et le centre logique de ce pays. Il donne aux lignes leur architecture, il crée leur parfaite et définitive harmonie. Là est la raison secrète de son charme voluptueux. Ici, rien d'inutile, rien qui retienne l'attention, qui détourne le regard. Et pourtant, quelle stérilité ! Tout nous importe dans cette monotonie qui ne lasse pas, et chaque objet, jusqu'au plus humble, nous aide à mieux aimer l'unique noblesse du fleuve, et l'élégance de ses rivages silencieux.

Il faisait une fraîcheur exquise. Vers l'est, un gros disque rouge et fuligineux émergeait lentement de la ligne basse de l'horizon. Il y avait sur le miroir de l'eau des fuites soudaines d'irisors et de canards sauvages qui criaient horriblement. Tout cela était propre, soigné, comme une aquarelle bien lavée. Aucun encombrement. Aucune violence. Toutes les nuances s'accordaient à créer en nous du bien-être et du contentement.

Je montais un grand cheval de race foulbé, et quand nous dépassions, mon compagnon et moi, le long ruban de notre colonne par un temps de galop, nous nous sentions perdus, très loin, plus haut, dans quelqu'un de ces paysages planétaires imaginés par les primitifs italiens pour figurer le Paradis terrestre, où des gazelles chevauchent dans des prairies bleues en détournant la tête vers le public.

De temps en temps, un gros bouquet d'arbres au bord du fleuve annonçait un village... Autour d'un tamarinier millénaire, quelques cases en désordre, toutes entourées d'un secco en paille tressée... Un enfant qui pleure... Un homme qui tire de lourds filets hors de l'eau... Puis de nouveau c'est la plaine, à peine bordée dans le lointain par une mince ligne d'arbustes grêles. La pauvre plaine du Logone, immobile et douce comme un vieux parc abandonné où s'ébattraient encore des bêtes étranges et merveilleuses. Là-bas, en effet, s'effarouchent les claires antilopes et les grands kebs grisâtres et les bubales au galop pesant de pachyderme. Sur le sable du sentier, des empreintes de lions. A deux jours d'ici, des indigènes nous ont montré un village à moitié détruit qu'ils appellent le « village cassé par les lions... »

Et c'est merveille, cette faune bondissante, que notre passage dérange à peine, et qui est la parure unique des solitudes du Logone.

En tête du troupeau pressé de nos bœufs, les bouviers fellatas chantent continuellement les litanies de leur pays, cependant que les grandes cornes minces des Bororos s'inclinent alternativement à droite et à gauche, scandant le rythme monotone de la chanson basse...

Que je l'aime, ce tableau biblique et suranné : les pasteurs minces et droits sous leurs lins effiloqués qui pendent jusqu'aux genoux, les calebasses portées sur l'épaule au bout d'un bâton noueux, et ce geste d'appel de la main gauche tendue, et derrière, les grands bœufs à bosses, silencieux et calmes, attentifs à la voix qui les mène et si accoutumés qu'ils obéissent à leur nom clamé parfois au milieu de la complainte foulbé. Car nul, mieux que ces nomades à la peau presque blanche, à l'éternel sourire sceptique et renseigné, ne connaît la vie intime des bêtes et ne l'aime avec plus de tendresse et plus de science. Tableau de vie errante et primitive qui nous figure toujours quelque « fuite en Égypte », tableau serein qui s'adapte merveilleusement à la sérénité des choses, tout proche de l'heureuse éternité de ces clairs rivages et de cette terre brûlée.

II

Le pays de Laï, grâce au Logone, qui en est certes le plus bel et rare ornement, grâce surtout à un certain air de sommeil léger empli d'amour et de bonheur, excite en moi une véritable ferveur. A Laï, depuis le petit jour où l'on s'en va tirer quelques canards dans les herbes du rivage, pendant les heures lourdes de la sieste, et jusque dans le milieu de la nuit, où l'on cherche vainement un sommeil rebelle, le Logone appelle et retient. Nous sommes ici à la chaîne ; quand on quitte le fleuve, on y revient, comme auprès d'une vieille maîtresse que l'on ne peut se décider à abandonner.

Sur la berge assez haute qui domine la plagette de sable fin où vient mourir un flot égal et perpétuel, on peut éprouver quelque vénération. Mais ici rien ne nous prolonge dans le passé et nous sommes délivrés des lourdes chaînes que nous portons avec nous jusque dans les sites les plus sauvages de nos occidents. Nous découvrons un nouveau mode d'adoration auquel nos esprits, malgré tout et inéluctablement christianisés, n'étaient pas accoutumés. Si nous vénérons Autun, ou même les granits de la Bretagne, la terre arable de la Beauce, les vergers de la Normandie, c'est que nous les situons exactement dans le présent par rapport à leur passé. Ici, nous attribuons à ce spectacle banal en apparence d'un fleuve coulant dans une plaine aride, sa valeur propre, sa religion vraie et intrinsèque. Bénéfice double : on voit mieux et on se voit mieux. Le pays se prête à toute méditation et s'adapte par sa simplicité à une sorte de rêverie païenne qui nous élève au-dessus des vapeurs confuses de l'horizon, en même temps qu'elle nous fait descendre dans le tréfonds de nos consciences.

La vie, sous de telles impressions, apparaît bonne et facile. Aucune contrainte ne subsiste dans le cours de la pensée, ni dans l'habitude des jours. On vante la liberté des mœurs sous les tropiques, ou l'on s'indigne de leur dépravation. L'éloge et le blâme partent d'une même incompréhension. Dans le sens où nous l'entendons, ces mœurs ne sont pas dépravées ; elles sont empreintes seulement de ce normal désir de jouir parfaitement de la minute qui passe, et s'accordent en une complète harmonie avec les odeurs qui s'exhalent du sol, avec la nature elle-même qui chante le mépris de notre morale.

Aussi telle coucherie, qui chez nous serait ignoble, apparaît ici saine et permise. Les danses de la plupart des peuples du Soudan et du Congo figurent avec un réalisme puissant, la lutte des sens dans toutes ses variétés les plus savantes. Voilà qui nous enseigne parfaitement les raisons des actions tropicales. Car enfin, on ne saurait imaginer une dépravation publique et consentie. A la lumière du jour, elle cesse d'être dépravation. Mais nous avons mis là dedans notre manière et de l'intelligence. Malgré combien de misères, la vie nous semble aujourd'hui plus élégante et plus déliée, et peut-être, grâce au fleuve éternel qui nous a laissé tout loisir pour nous bien connaître, grâce à la terre sans tombeaux qui nous a enfin permis de nous occuper un peu de nous-mêmes, avons-nous trouvé la formule d'un bonheur transitoire qui nous suffit pour chaque instant : la volupté intelligente.

Ce qui me plaît dans ce pays, c'est qu'il est à la fois sérieux et futile. Sérieux, certes, et même suffisamment lyrique. La formule qu'il vient de nous conseiller n'est-elle pas empreinte de gravité, même de solennité ? Nul pittoresque, et la badauderie ne trouve pas ici à s'employer. Un long labeur et l'effort ne sont pas interdits, pourvu que nous ayons su oublier, parmi les barbares, tout ce que la légende humaine a accumulé en nous de mensonges et de vanités.

Par derrière nos mythes occidentaux, nous retrouvons notre énergie qui tend à l'équilibre de notre corps et à la santé parfaite. Au lieu que la nature soit une cause de trouble et un prétexte à méditation métaphysique, tout notre but est maintenant, comme il fut sans doute celui des premiers sauvages, de nous accorder avec les choses naturelles, non en les divinisant, mais en y rentrant comme dans notre milieu naturel et familier.

Dans la campagne de Laï, rien n'a une grande importance. Si, le soir, on se promène parmi les herbes courtes qui s'en vont monotonement jusqu'à l'horizon, aucun motif saillant ne force notre admiration. Une demi-teinte violet clair enveloppe toute chose. Au loin, quelques caïlcédrats font une masse de violet plus sombre. On marche sans raison, avec un peu de tristesse : on sait si bien qu'on ne trouvera rien de nouveau... Un moment, le sol s'affaisse légèrement. Une mare stagne, où des longirostres volètent en poussant de petits cris sauvages. On marche encore, et c'est seulement l'éternelle chevauchée des antilopes qui reviennent du fleuve. Nul frisson n'anime la plaine immobile. Pas un souffle ne remue les herbes rares et courtes.

Seulement, de temps en temps, un gros lézard, dans un maigre buisson, fait un bruit de tiges mortes remuées, sans écho, et tout de suite perdu dans la désolation ambiante. Exténué, on revient vers la case, où un peu d'air circule parmi les spacieuses vérandahs.

On ne pense pas, mais pourtant tout apparaît simple et bienfaisant. Vaguement, on sent que des teintes violettes de l'horizon, des odeurs chaudes comme le contact d'une femme amoureuse, des mille brins d'herbe immobiles et comme en extase devant le large disque du soleil, des sables dorés qui font de grands dessins dans la campagne, que de tout cela qui est pourtant si peu de chose, se dégage une certitude.

La certitude que le bonheur humain est ici, pour qui sait le trouver. Il y faut seulement une âme violente, toute occupée à vivre, et de l'esprit.

Cela, c'est notre apport, notre contribution à l'œuvre déjà commencée par la solitude et le silence.

Dans la plaine de Laï, il n'y a point de sentiers pour gêner le promeneur et le vagabond. Nous préférons cela à la mode de nos campagnes françaises, où chacun de nos pas nous avertit que d'autres pas identiques ont précédé les nôtres.

Tel midi, auprès des cases pressées le long de la berge à pic du fleuve, immondes et grouillantes, c'était une chaude musique, encore inentendue, qui s'élevait.

La couleur, à cette heure, fait place à la lumière et tout est blanc, d'un blanc de mort, si intense, qu'il est peut-être du bruit. Mais dans cette atmosphère métallique, vibre un sensualisme sévère, aux ordres impérieux. Nous sommes vaincus, et l'âme en paix, l'esprit inondé d'une joie neuve et inconnue, nous écoutons l'unique murmure des midis.

III

Malgré son importance au point de vue de sa situation géographique, Laï n'est aujourd'hui qu'un pauvre village construit sur mille mètres environ en bordure du fleuve. Au milieu, le poste a élevé ses cases blanches construites à la manière du Soudan, ses cañhas rustiques, mais commodes, aux murs épais, sans fenêtres, et abritées par de larges promenoirs où le soleil ne pénètre pas. Par-dessus tout s'érige le drapeau français, salué le matin et le soir par les tirailleurs sénégalais rangés sur deux rangs et le fusil sur l'épaule. Dans la grande cour où un énorme caïlcédrat fait un cercle d'ombre, des autruches se pavanent en roulant de gros yeux. Le gravier fait un petit bruit clair dans l'immobile silence. C'est de la paix et du repos.

Mais à côté, quelle misère et quel abandon ! Quand nous évoquons par ici les villages souriants de la Sangha, cachés comme des fleurs voluptueuses aux pentes verdoyantes des coteaux, Bobikondo, Berbérati, Saragouna, Ouannou, tous aimés comme des patries éphémères, nous éprouvons de la tristesse et de l'étonnement. Ici, dès qu'on entre dans le fouillis compact des cases qui se serrent jusqu'à l'étouffement contre la berge haute du fleuve, on respire la mort et la pourriture.

Les hommes — des géants au front bas, aux membres courts d'athlètes — se sont bâti des cases minuscules où ils n'entrent qu'en se pliant en deux. La case est généralement précédée d'une courette, encombrée de calebasses, de marmites brisées et de poissons putréfiés, jetés là.

Car le soleil n'est plus ici le dieu bienfaisant qui fait mûrir nos grappes et fleurir nos jardins.

C'est le génie mauvais qui met les vers dans les charognes, par qui toute chose se décompose et s'imprègne de la putrescente odeur des cadavres. Dans l'ardente saison où toute ombre est morte, les fleurs, les arbres et la terre elle-même semblent avoir peur de la vie.

Les heures pareilles, inondées d'une identique lumière, semblent en déroute, accablées par le mystère de cette puissance redoutable du jour. Mais les hommes aussi paraissent en désarroi. Ils n'ont pas voulu lutter contre le dieu impitoyable, et gardent sur leurs faces enfantines le sourire résigné des victimes.

Nous sommes venus auprès d'eux, et nous ne les avons pas changés. Toujours vêtus de la peau de mouton qui leur pend au derrière, créatures aux gestes sobres et mesurés, ils ont souri et sont retournés à leurs tanières, semblables à de monstrueux silènes que des hommes des villes viendraient voir.

Leur histoire est navrante. Laï, au croisement des routes qui, du Logone, de la Penndé, de la Nana, mènent au Tchad et de celles qui joignent le Nayo Kabi au Chari, de Léré à Fort-Archambault, point d'arrivée des opulentes caravanes des Baghirmiens, était jadis une grande cité, riche en hommes et florissante.

Sa population pouvait être alors de trente mille habitants. Mais les Foulbés du Boubandjidda survinrent, non point en conquérants, pour s'établir dans le pays, mais en pillards qui repartaient, une fois leurs besaces pleines, les troupeaux enlevés, les captifs enchaînés, et le mil mangé. Leurs razzias en peu d'années ruinèrent complètement le pays. Quand le capitaine Faure vint à Laï, en 1900, pour y fonder le poste qui commande aujourd'hui au cercle du moyen Logone, les indigènes, les malheureux « Kabalaï » mouraient littéralement de faim... « Pas le moindre grain de mil ». Malgré les efforts du capitaine pour ramener le calme dans cet infortuné pays, la population n'est encore aujourd'hui que de 2 000 à 3 000 habitants. Mais les Foulbés ne viennent plus et les « Kabalaï » mangent du mil.

Soyons d'ailleurs persuadés que ces hommes sont beaucoup plus préparés que nous à regarder en face l'aveugle puissance du Destin, et que, s'ils n'ont pas l'idée de la fatalité aussi nette que nous, ils gardent du moins de sa force mystérieuse un sentiment profond et sûr auquel nous ne pouvons plus prétendre.

Le vieux Logone qu'écrase éternellement un soleil de mort, n'apprend-il pas la résignation et doit-on s'étonner du sourire renseigné de ses riverains?

Je ne pense pas que les gens de Laï soient fatalistes, au sens philosophique du mot. Leur résignation n'est pas celle de l'Islam, toute faite d'une foi à laquelle ils sont encore rebelles. Elle vient plutôt d'un complet scepticisme auquel nous avons peine à nous habituer, quelque libérés que nous soyons des ancestrales croyances.

La « métaphysique » des Massas — ceux-ci forment la majeure partie de la population très diverse du pays de Laï — est à ce point de vue curieuse. Elle ne retient qu'une croyance religieuse : la croyance à l'immortalité de l'âme. Encore ce dogme ne suppose-t-il aucune divinité. Ils respectent la mort et les morts. A certaines fêtes, ils apportent au pied des tombes des vivres et du vin de maïs destinés aux ombres. Simple hommage à la puissance — non redoutée — mais vénérée du Destin. Où le scepticisme éclate, où le sourire réapparaît, c'est dans leur attitude vis-à-vis des sorciers. Le sorcier est l'ornement du village et représente une tradition. Ses arrêts, pourtant, sont peu respectés et s'ils sont même requis, c'est précisément qu'en eux réside une source de disputes où l'esprit subtil et chicanier du noir se plaît infiniment.

Un homme est accusé de sorcellerie. On décide une épreuve qui est exactement le « Jugement de Dieu » du moyen âge. L'inculpé doit se laisser choir du haut d'une branche. S'il se casse un membre, il est coupable ; s'il ne se fait pas de mal, il est innocent. Mais cette grande interrogation aux puissances occultes qui nous mènent, n'est ici qu'une parodie.

L'accusé commence par choisir un arbre peu élevé et tombe le plus souvent à terre sans se faire de mal. Le peuple, nullement convaincu, proteste et gesticule. On se dispute et, enfin, l'affaire est portée devant « le blanc », qui satisfait tout le monde en renvoyant les parties dos à dos...

Avec des gestes d'automate, au soleil couchant, les « Kabalaï » s'en vont avec leurs lourds filets vers le Logone, qui n'est plus à cette heure qu'une chose d'argent dans du violet, et leurs yeux indolents contemplent sans penser l'horizon lointain, d'où jadis surgissaient les rapides chevaux des Foulbés. Mais ils savent qu'il ne faut pas interroger l'horizon et ils sourient infiniment aux fumées bleues, qui montent là-bas toutes droites vers le ciel mauve.

IV

Vers le milieu du mois de mars, c'est-à-dire une quinzaine de jours avant la première pluie, a chaleur devint excessive. L'impression de ruine et de désastre que j'avais ressentie déjà bien des fois en me promenant dans le pauvre village des Massas, elle fut alors une oppression de tous les instants, le mauvais rêve de toutes les heures. Véritablement, le soleil était tragique. Pendant les longues heures de la sieste, étendu sur les fines nattes qui sont le seul lit possible en ces régions, je connus des tristesses infiniment douces. L'action laisse après elle un peu de déboire et beaucoup de découragement.

La route que j'avais faite pour arriver à Laï,

avait été longue et difficile, mais les images qui avaient empli mes yeux m'avaient paru charmantes et aimables. Et maintenant, prostré dans la torpeur malfaisante des après-midi somnolents, je me demandais si l'action n'était pas une chose vaine, si l'énergie elle-même n'était pas la plus navrante de nos illusions.

De mes routes anciennes, maints tableaux incohérents apparaissaient brusquement, comme en un rêve, et je ne savais plus bien leur signification. C'étaient des vallées profondes, des sentiers s'enfonçant dans des jungles lumineuses, des plaines infinies avec des apparitions subites de demeures humaines, des mimosas épandant autour d'eux une subtile et forte odeur, une montagne rose, près d'un lac bleu... Tout cela flottait absurdement dans l'air épais où venaient s'abolir les sons et les couleurs du présent ; j'étais excédé de toutes ces formes que rien ne reliait entre elles, et qui n'étaient plus aujourd'hui que des vestiges malsains. Mais peu à peu, en m'abandonnant seulement au charme mystérieux des heures, il me sembla qu'une vérité forte s'affirmait.

De la vérandah, on voit toutes les choses du dehors comme blanchies par la lumière ardente du soleil. L'astre est si haut qu'il n'y a pas une raie d'ombre et tout s'immobilise dans le silence à peine traversé de quelques cris rauques d'oiseau de proie. Vie douce, doux instants, dans la voluptueuse chaleur des jours, à ne rien faire... L'impression est fugace, frémissante et entière. La trame des jours ne se fait pas d'actes divers, mais d'impressions diverses, aux couleurs vives sitôt passées.

Je compris que je n'étais pas encore pleinement résigné à la bonne candeur animale de la Terre, et je m'abandonnai en vaincu au fil des images capricieuses des heures. Les particularités géographiques et ethniques que l'on note avec avidité m'apparurent un néant plein de tristesse. Que cela était peu, en regard du tissu spécifique de la vie, de l'ensemble harmonieux des minutes égales qui fait notre âme amie des choses, et nous unit indissolublement à l'éternité ! Et je rêvais intensément, tandis que tout, autour de moi, reposait dans la béatitude de la sieste quotidienne, les lagunes dorées du Logone, les petites cases perdues dans la plaine désolée et la grâce vigoureuse des noirs adolescents...

Vers le soir, il semble qu'un peu de vie renaisse. L'horizon s'éloigne et les divers plans du paysage s'arrangent et s'organisent en un décor harmonieux. Du côté de l'Est, une caravane arrive, de gros bœufs porteurs, la corde au nez, chargés de sacs de peau et de blocs de natron.

Un petit baghirmien, perché sur un bœuf, se profile sur le ciel rouge. Puis des ânes suivent, au pas menu, tous pareils, robes grises avec une large bretelle de poils noirs à l'épaule. Puis un vieux, avec un boubou blanc et une grande canne... Ils viennent de très loin et ils ont marché toute la journée. Il y a peut-être des mois qu'ils marchent ainsi, pour gagner un peu d'argent qu'ils cacheront avec soin dans la grande besace qui leur pend au côté... Ils s'arrêtent et se hâtent sans bruit à décharger les bœufs, puis tout disparaît on ne sait où. Vers le fleuve teinté de mille lueurs paradoxales, les crapauds commencent à chanter... Hâtons-nous de jouir de l'heure exquise.

Car une autre angoisse nous attend qui nous tiendra éveillés toute la nuit. Une puissance aussi inéluctable que celle du soleil va nous dominer : la lune, divine en France, ici, brutale et magnétique. O ces nuits de pleine lune, insomnes, nerveuses, où des forces occultes nous font nous retourner sans trêve sur les draps humides de la sueur des cauchemars, où les rêves oppressés s'accumulent en cohortes victorieuses ! Toute chose reste éveillée et s'inquiète. Le rayon blanc, même à travers les murs, nous fiche là, sur les nattes de repos, et nous transperce jusqu'au traumatisme le plus aigu. Je me lève et je marche. Dehors, tout est illuminé ; on dirait des milliers de lampes à arc, là-haut, dans le ciel jaune. Des formes noires font des découpures violentes sur des fonds de toiles d'emballage. Et certains détails du lointain, un arbre tordu au bord du Logone, un barrage de pêcheurs, tout à l'heure noyés dans l'absolu rayonnement du soleil, se précisent et prennent leur place. On est victime de tant de violence, mêlée à tant de douceur ; on est prisonnier, embouteillé, dirait-on, dans ce liquide lumineux qui stagne tout autour de nous.

Vers le Logone, l'oppression devient douloureuse. Rien ne dort au village, et les cases veillent au bord de l'eau, pleines de chuchotements, de murmures confus et de musiques basses. Au loin, des gens frappent sur des tambours qui font un bruit fou et continu. Tout à coup j'aperçois, dans le fleuve, des hommes, immobiles, le torse nu hors de l'eau. Sont-ils déments à regarder ainsi, sans gestes, l'astre clair, insouciants de l'eau qui fait deux ou trois cercles autour de leur ventre, ou est-ce un rêve de démence ?

Pourtant, résigné, je m'étends sur les nattes, les yeux ouverts. Quel beau lointain c'était tout à l'heure sur le fleuve aimé ! Pays d'ombres, empli de magie ! Les sables clairs, et là-bas des bancs de sable si blonds, entremêlés, enlacés, confus, où la pensée va se perdre... Il y a des îles... On ne comprend pas bien... La nuit est une robe d'évêque. L'ombre terrestre est violette. Quelle profondeur aux horizons lunaires !...

Certes, l'idéal humain est rabaissé ici et la morale disparaît, fondue par ces deux puissances dissolvantes : le soleil de mort, la lune de mort.

Mais ne sommes-nous pas meilleurs, malgré tout, d'être enveloppés de tant d'infini, et nos pensées ne sont-elles pas plus belles, de se développer librement dans le cadre éternel dont les limites sont si lointaines qu'on ne peut plus les ramener à la compréhension humaine, plus nobles de se mouvoir dans le primitif rayonnement des jours et des nuits égales ?...

V

Le 16 avril, au petit jour, une étrange et lourde colonne quittait le poste de Laï. En tête, il y avait un troupeau, plus de quatre cents bœufs, veaux et génisses, conduits par des Foulbés prudents. Puis venaient des porteurs — pauvres Bayas vêtus de défroques, qui disaient les longues routes d'hier. Puis quarante chevaux, de petits lakkas au gros ventre, de hauts foulbés aux membres grêles, tous impatients et hennissant au soleil levant. Derrière, c'étaient douze bœufs chargés de sacs de riz et de caisses et montés par leurs conducteurs. Et enfin, c'était l'étrange suite des colonnes d'Afrique : des boys, des chéchias rouges de tirailleurs, des femmes portant sur leur tête des amoncellements de calebasses, l'inévitable cohue des départs de marche. Ainsi l'on repartait pour la bonne vie nomade de la brousse : deux mois, sans doute, sur les chemins, avant d'atteindre Carnot, notre première étape. Et l'on tentait encore la grande aventure des routes... Le soleil, pourtant très bas, étincelait déjà ; c'était un matin de victoire.

Je galopai jusqu'en tête de la colonne. Les bœufs marchaient lentement, sans faire de bruit. On entendait seulement la voix du chef bouvier, le vieux Djani, qui poussait son petit cri d'appel, très doux et un peu las. En me retournant, je vis encore le drapeau français qui flottait tout près de l'horizon...

C'est un grand bien de quitter un endroit de bonheur ; on se sent l'âme plus riche de toutes les heures écoulées, et seuls les cœurs lâches et mous regrettent ou s'attristent. En jetant un dernier regard du côté de la vieille cité gardienne du Logone, je sentis une grande félicité m'envahir, cette plénitude de bonheur qui nous fait meilleurs et qui vaut, pour la santé de l'âme, l'accomplissement des plus belles actions.

PER ITER TENEBRICOSUM

I

. . . .

18 avril, Tambaï. — Depuis Laï, c'est une douceur parfumée qui enivre jusqu'à l'abolition de toute pensée. Il flotte des odeurs légères et matineuses. C'est presque un automne, mais plus clair — inattendu : ciels gris emplis de lumière mourante ; rafales furieuses de vent ; puis, calme silencieux, à peine troublé par les longs mugissements des bœufs. Les jardins du Logone ont des sourires de douceur et d'apaisement...

Ce matin, parmi des buissons et de clairs rôniers, j'ai vu un village qui semblait un joujou égaré au bord du fleuve. C'est en face de ce village que vient se perdre, dans le Logone, la Penndé que les noirs appellent ici Bandoul.

II

23 avril, Nasia. — Nasia, le joli nom pour une maîtresse que l'on aimerait ! Et que sa volupté s'accorde bien à la paresse alanguie du site !... Les noms des lieux où je suis passé me charment jusqu'à la douleur. Quelle divine musique déjà depuis Laï : Hamgar, Baikikimi, Tambaï, Bomou, Bimbal, Ngara, Bédiala ! Fleurs lointaines, perdues sur la rive dorée du fleuve, dans la plaine toute emplie du parfum des tamariniers...

La Penndé, c'est une princesse ancienne dans un salon blanc. A Nasia, j'éprouve exactement ce que je ressentais à Laï, il y a un mois : l'invincible attraction de l'eau presque immobile dans son éternelle descente vers le Nord.

Aujourd'hui la Penndé m'est familière et connue. Chaque heure, je suis heureux de la revoir, de constater ses aspects divers et toujours semblables pourtant, de me plonger dans sa monotonie si pleine d'indifférence et de noblesse.

Ce qui est remarquable dans cette vallée, c'est que rien d'inutile n'y apparaît. Le large lit de la rivière ne fait pas de détours, mais décrit seulement de vastes courbes sans aucun ornement. C'est une grande ligne que l'œil suit à l'infini et qui donne, comme un temple antique, l'idée d'une perfection achevée et définitive.

La berge, toujours nue et désolée, est à pic du côté où le courant a plus de force. Sur l'autre rive, des chapelets d'étangs dorment éternellement parmi les herbes d'où sort seulement de temps en temps le crachement asthmatique d'un hippopotame. Mais la campagne est charmante et soignée. Sur la rive droite et sur la rive gauche, à quelque distance de la rivière, une ligne de buissons clairs marque en quelque sorte l'entrée dans le mystère ami de la brousse. Et, parmi cela, s'offrent des villages heureux où les hommes sont sains et vigoureux, où de grands vieillards fument de longues pipes sous l'ombre propice d'un haut nété ou d'un tamarinier. Une grande douceur est en ces gens. Sur les routes, on ne les rencontre point armés de flèches ni de sagaies, mais seulement d'une latte de bois très courte et recourbée, avec des dessins symétriques. Ce sont des Mbaïs, proches parents des Lakkas, mais plus lourds et moins souples, et moins guerriers aussi...

Nasia, c'est le village d'hier et le village de demain. Mais comme j'aime l'ombre de son grand arbre, après les sables brûlants de la Penndé, et ses fermes encloses d'un secco en paille où circulent les moutons et les béliers cornus, et toute la vie enfin qui est là, presque inconsciente, si près du bonheur et de la sagesse !

Ce matin, un porteur baya est mort sur la route. Il s'appelait Tambo. On a creusé un grand trou dans la campagne. On l'a mis dedans, accroupi dans la terre et les yeux tournés vers la Penndé.

III

29 avril, Bébal. — Comment dire les bienfaits toujours nouveaux de l'antique Penndé? A vivre tous les jours avec elle, il semble que la sensibilité s'affine et que l'esprit devienne meilleur. Devant son cours éternel, parmi les jardins inattendus de ses rivages, pourrait-on concevoir une pensée vile ou seulement vulgaire?

Mais où j'éprouve une délicieuse émotion, c'est à suivre, parmi les plages lumineuses, la grande tache mouvante que fait le troupeau de nos bœufs. Je les vois s'approcher tout au bord de l'eau; ils jettent un lent regard de l'Est à l'Ouest, puis ils boivent à petites gorgées, en s'y reprenant plus d'une fois. J'apprends à connaître leur vie et leurs pensées. Nos bœufs de France, obèses jusqu'à la difformité, semblent toujours des lauréats de concours d'animaux gras. Ceux-ci, même les plus gros, enfants de la brousse, ont gardé de la souplesse et de la force. Nul obstacle ne les arrête, leur docilité est merveilleuse. Jamais ils ne s'éloignent du troupeau et ils obéissent à la voix du Poullo qui les appelle par leurs noms.

En tête du long troupeau, marchent toujours les Bororos, espèce plus forte et plus musclée, avec des cornes longues et la robe brillante. Je les contemple avec amour. Sans hâte et sans désordre, ils marchent derrière le chef des Poullos, le grand Djani qui les connaît si bien... Nul bouvier de nos pays ne connaît ses bêtes comme Djani connaît les siennes. Et quel air d'indifférence souriante et de distinction il a, ce Djani ! Il est presque blanc, avec des yeux infiniment doux. Son geste a toujours un air de noblesse et sa lèvre mince a beaucoup d'esprit. Il n'est pas exubérant comme les autres noirs et il parle peu. Sa face osseuse se termine par une petite pointe de barbe. Ses cheveux sont lisses et doux comme ceux des blancs. Il est mesuré et sage.

Que ne puis-je en faire mon ami et le comprendre !

IV

30 avril, dans la brousse, au sud de Bébal. — Rien n'égale la douceur de dresser la tente en pleine solitude dans le silence sans rêve d'un matin lumineux. Tableau primitif et pur qui nous reporte au candide bonheur des premiers âges... Les bœufs errent aux bords du fleuve et les bouviers s'arrêtent près des buissons bas de la rive. Leurs gandourahs déchirées aux ronces de la route pendent toutes droites à leurs torses maigres. Ils ont un carquois à l'épaule et un arc dans leur main droite...

Tout à coup, une rafale de vent, puis un silence de mort. L'Est est chargé de gros nuages violet sombre. Il semble que les choses n'osent bouger dans l'attente d'un désastre. Puis c'est le déluge, avec des tremblements formidables du ciel. Tout semble se déchirer et s'engloutir. Il fait noir. Les gouttes de pluie font un bruit aigu et dense.

Une heure après, c'est fini ; il fait soleil, et dehors les Foulbés gardiens de bœufs sont toujours à leur place, auprès de la rivière plus noire qui clapote avec un petit bruit triste...

Vers le soir, nous avons entendu des hippopotames souffler dans l'eau. Je me suis mis à genoux sur la berge avec mon fusil chargé. Chaque fois qu'une tête surgissait hors du miroir liquide, je tirais, m'amusant à un inutile massacre. Au bout d'une heure, cinq à six grosses masses noires flottaient sur la rivière, comme des outres abandonnées. Nos Bayas se jettent à l'eau. On les voit s'agiter comme des fourmis affairées. Ils roulent les monstres sur le sable du rivage. Les ventres blancs brillent au soleil : les pattes courtes semblent d'affreux moignons. Tout autour, les Bayas gesticulent et font un bourdonnement confus. Et de grands charognards viennent tournoyer au-dessus des cadavres...

Images de la brousse, si vives et sitôt passées...

Seul dans ma tente, je bénis le sort qui m'unit à la douce Penndé que tant d'heures déjà, alternativement bénignes et violentes, me font aimer et vénérer...

V

4 mai, Ghili. — Voici que tout s'assombrit et devient triste. La Penndé n'est plus la même.

C'est fini des larges prairies, des plaines si nues et si pures, des étangs stagnant autour des rives herbeuses. La Penndé sinue parmi des collines stériles, d'où se précipitent des affluents plus nombreux. Les arbres chétifs et rabougris se tordent en sceptres vers le ciel plus proche. Ce ne sont plus, hélas! les séculaires tamariniers de la grande plaine, où les haltes étaient si bonnes et qui semblaient inviter le passant. Près des pauvres villages, des plantations de manioc. Les hommes sont mauvais et s'enfuient, sournois et farouches, à notre approche. Ils ont la tête rasée avec une grosse touffe de cheveux au sommet. Dans le lobe de l'oreille, ils portent de longs morceaux de bois.

Est-ce déjà le regret de la plaine heureuse, où la marche était douce et la vie facile? Mais on éprouve une lassitude mélancolique — avec une attente vague de spectacles rudes et imprévus.

Sur la route, ce matin, il y avait des granits et des affleurements de latérite. Les bœufs n'ont pas trouvé d'herbe, et ce soir ils sont allés très loin pour manger. Le sentier était loin du fleuve, qu'on devinait par delà les collines monotones, semblables à un parc anglais qu'attristerait un éternel automne, sans fleurs et sans chansons.

VI

9 mai, Dingué. — Paysage ascétique, évoquant des tortures et d'éternelles géhennes ! Békoun, Beyolmien et sa mare où viennent boire les antilopes, le mont Tobélé qu'on voyait de si loin, d'abord, ligne violette à l'horizon pâle, puis, grande tache informe sur le ciel candide, enfin, masse de rochers gigantesques, monstrueuse excroissance, débauche de pierres tumultueuses. C'est l'entrée des monts Dy, insoupçonné repaire de splendeurs tragiques.

Devant les quelques cases éparses de Dingué, c'est un précipice de verdure, et plus loin une immense paroi de granit noir qui nous domine.

Aucune grâce, aucune douceur dans ce paysage compliqué où les motifs abondent, mais qui fait froid au cœur et nous force à nous replier sur nous-mêmes. Brusquement, parmi ces montagnes, c'est une apparition de vie sauvage et primitive ; on est rejeté, non plus dans le souvenir de l'histoire, mais dans la mémoire obscure de la préhistoire, alors que les mondes s'organisaient et qu'un peu de vie apparaissait sur la terre. On est très loin, infiniment loin, et l'on rêve de violences animales, dans la liberté première reconquise.

VII

10 mai, dans la brousse. — Le rêve étrange, inattendu, continue son obsession de toutes les heures. Ce matin, pendant toute la marche, c'était à droite une infinie paroi verticale, et, à gauche, la Penndé qui se précipitait parmi des roches. Comme il faisait noir, dans la vallée, si douce jadis et si lumineuse, derrière nous, vers le Nord! Le sentier était si étroit que les bœufs pouvaient à peine y passer un à un, et, de temps en temps, on les entendait tomber sur le rivage avec des éboulis de cailloux. En m'accrochant aux racines des arbres morts, je suis parvenu à monter sur la paroi de rochers. Le fleuve m'est apparu,

ruban de moire dans du violet sombre, sinuant entre les pentes des collines.

De temps en temps, l'eau tombait de roche en roche comme d'une cascade en rocaille dans un parc démodé, et, au loin, à l'endroit où la rivière se perdait, je voyais deux grandes masses noires qui s'envolaient de chaque côté de la vallée, comme les deux ailes de quelque chauve-souris gigantesque.

Et tout cela était d'une mélancolie sans espoir...

Chez nous, dans les sites les plus désolés de notre France, quelque chose toujours nous parle et nous console : un angélus lointain, des rumeurs confuses de ville, la chanson basse et fatiguée d'un pâtre... Ici, nulle lueur humaine et nous sommes bien seuls, dans notre orgueil et notre domination.

VIII

16 mai. — Pendant trois jours, nous avons eu des aspects plus doux et des routes plus clémentes...

De temps en temps, se dresse une montagne dans la plaine unie et parmi des rochers, se cachent les cases rondes d'un village. C'est Ngara, premier village des Boums puissants et fauves ; c'est Tekel au beau karité ; c'est la solitaire Foumou Karé qu'annoncent ses plants de tabac et ses pimentiers aux larmes de sang. Dans ces rochers, où les cases se cachent comme des nids inaccessibles, dans ces montagnes de pierres, les races sont venues se heurter et se mêler comme en un creuset. Les Bayas ont poussé une pointe hardie vers le Nord-Est; quelques Yanghérés ont passé sur la rive gauche de la Penndé ; et les Boums sont venus des hauteurs de leur Boumbabal, dans le Nord. Tous mystérieux et rudes, en relations sans doute avec les Bayas de Bouar vers le Sud et les Foulbés de N'Gaoundéré, car ils ont des perles et de l'étoffe.

Quelles ténèbres et quelle ignorance ! A Béloum, c'est un désordre empli de deuil et d'effroi. Le mont Simbal s'élève tout droit sur la plaine où moutonne un infini de verdure. Sur les roches, les sauvages font des grappes noires qui s'agitent confusément, avec des étincellements de sagaies. Pourquoi, même hostiles, m'attirent-ils, ces grands Barbares tout nus, si vieux, si rudes, si loin de nos faiblesses et de nos décadences ! Vers l'Ouest, à l'horizon proche, le Sikoun se teinte de rouge et de violet sombre, et là-bas, c'est Vlété, riche en euphorbes mortels et vénéneux...

IX

19 mai, Yakoundé. — Dans la montagne, il y a une tranchée, une énorme cassure qui fait un grand trou noir dans le granit. Là dedans, il y a des cases et des hommes, des milliers de cases invisibles, blotties comme des nids d'aigles parmi les roches sombres, et des cavernes qui rampent dans les profondeurs obscures des vertigineuses parois. Quelle énergie de vivre doivent avoir les primitifs qui habitent là ! N'ont-ils pas la conscience de leur domination ? Car ils sont rois parmi leurs pierres, et nul ne peut venir les troubler impunément. Ce matin, ils ont tué un de nos bœufs. Mais on ne les voit pas, Ils restent à l'abri derrière

leurs remparts inexpugnables, rusés et leurs yeux torves fixés sur les chemins.

Nous campons près d'une douce vallée toute emplie de lis éclatants. Mais là, tout près, veille la masse noire de Yakoundé. Il faut rester en faction la nuit, pour protéger nos gens et nos bêtes. Et tandis que la lune zénithale fait sur le sombre voile de la montagne des figurations fantastiques, dans l'engourdissement sans rêve de l'insomnie, on s'imagine très loin soi-même, dans des temps antérieurs et des espaces abolis.

X

20 mai, Yadé. — En arrivant à Yadé, je souhaitais presque de l'hostilité, et que le village fût désert.

Ce pays conseille la force et l'approuve. Pour une âme violente et navrée, c'est un cadre naturel où elle se complaît en s'y réfléchissant. Et puis la solitude — celle d'ici, inconnue chez nous — fait détester les hommes. Il est curieux de voir comme l'on s'y accoutume avec facilité. Dans la vie du monde, on s'habitue à la laideur et aux grimaces. Ici, la moindre faute de goût serait douloureuse. Mon œil ne veut plus que cette beauté solitaire et passionnée où je garde à l'abri ce qu'il peut y avoir de bon en moi-même... *Secretum meum mihi*.....

Les roches s'amoncellent de plus en plus et prennent des faces étranges : des tuyaux d'orgue surgissent vers le ciel découpé comme en un décor de théâtre ; des monstres de quartz noir apparaissent au détour des sentiers : des hippogriffes mythiques surplomblent des gouffres insondés : une fine aiguille de pierre jaillit comme un jet d'eau de glace figé depuis l'éternité. Mais là-bas, vers le Sud, la plaine infinie se déroule. Là-bas, c'est l'Ouam, puis la Nana, puis la douce Mambéré, chère aux Bayas.

Dans ces montagnes, la terre me violente avec délices et me ravit de douleur mâle. Pourquoi désormais chercher ailleurs le spleen qui nous aide à nous mieux connaître ? En quel autre lieu pourrions-nous mieux sonder toutes nos plaies et sentir notre stérilité ? Dans ce cycle sombre où l'horizon s'est aboli avec tout espoir humain, la tristesse vient d'une grande force ténébreuse qui enveloppe toute chose.

Parmi ce désordre, où le cœur pourra-t-il se

fixer ? Notre vie elle-même nous apparaît un semblable désordre : une mer sans phare où notre esprit vacille dans le vertige, où notre cœur même a désappris d'aimer.

Où s'accrocher ? Quelle loi saisir, quelle certitude utile ?... Celle-ci seulement, mais stérile et douloureuse en vérité : vivre sa vie dans son excès solitaire, dans son solitaire orgueil. Et continuer la route, où les pierres sont bénies et la poussière bienfaisante...

XI

26 mai, dans la brousse. — Paysage tiède et tendre comme un tableau de Corot. Une petite rivière, un affluent de l'Ouam, fait un coude. Sur la rive où nous sommes, un haut rideau d'arbres empêche de voir l'eau qui coule et que l'on entend frissonner humblement. La pente de la vallée est douce, mais pourtant bien sensible et régulière. De grands arbres peuplent la solitude qui est moins austère ici, plus ornée qu'à Yadé. C'est un verger de France, baigné de chaleur et de paix. Une lueur tremblotante tombe dans l'air léger ; il fait une fraîcheur exquise et parfumée. On se sent délivré d'une angoisse, et dans la chute

silencieuse du jour, toute notre vie vient s'enfermer entre ces deux lignes obliques de verdure. La tente fait une tache blanche sur le fond des grands arbres. Tout autour, les chevaux, attachés aux troncs clairs de la pente... Et voici que les bœufs reviennent des prairies et se pressent pour la nuit, sans bruit, accoutumés à l'imprévu quotidien, aux hasards toujours nouveaux de la route. Tout est là, toute notre vie, bien enclose et paisible, parmi les étendues des campagnes...

Des feux s'allument ; nos Bayas sont autour, par cinq, par six, accroupis en cercle, et parlant doucement, sans nul éclat, de la Mambéré prochaine. Combien j'aime ce peuple qui ne rêve pas et ne prie pas !

Les Foulbés ont fait des cases de verdure autour du troupeau qui rumine doucement aux caresses de la nuit. Intimité charmante, bonheur ineffable de la route ! Bonté des heures nocturnes où tout repose infiniment ! Demain, une autre route nous distraira du rêve ; d'autres arbres, d'autres coteaux, d'autres rivières, d'autres nuages, nous posséderont et nous serons arrachés encore à la vie, à la vie amie et quotidienne.

Puis le soir, dans un site analogue à celui-ci, nous nous retrouverons parmi nous, au milieu des êtres familiers qui nous entourent. La tente s'élèvera, comme une chanson joyeuse dans le silence, et les bœufs rentreront dans la vapeur rouge du crépuscule, conduits par les Foulbés tout droits dans leurs loques de laine et beaux comme des demi-dieux. Et les jours se suivront ainsi, identiques et divers. Ah ! pourquoi s'arrêter jamais et jeter l'ancre ? Le voyage, n'est-ce pas le rêve lui-même qui se réalise sous des formes sans cesse nouvelles, sans s'épuiser jamais et sans mourir ? Vous le savez, pasteurs, ô fils des routes, Foulbés nomades, éternels voyageurs !

Il fait nuit. Les boys servent la collation. Le vent du Nord nous grise de plaisir, et nos deux chiens sauvages, Laï et Laka, depuis longtemps déjà familiers et amis, viennent attendre sagement près de la nappe blanche.

Moi, je contemple sans trêve le grand sauvage qui est là, sous l'arbre, devant la tente. C'est le guide qui est parti du Yadé avec nous pour nous mener à Bouala... Il est allé chercher dans la brousse de grandes feuilles de latanier pour se faire un lit. Mais comme elles sont mouillées et froides, il les chauffe d'abord au grand feu qui brûle près de lui. Puis il les étale avec soin sur la terre. Il place sous sa tête un petit paquet de feuilles plus petites. Et il s'étend. Non, ce n'est pas cela encore. Il se redresse lentement, et replace quelques feuilles sous sa tête. La couche est prête pour la nuit. Il a près de lui une calebasse avec des herbes cuites et des arachides. Il mange sans hâte, à grandes bouchées. Maintenant, il verse de l'eau sur ses mains, remue les tisons de son feu et se couche sur le dos, les yeux ouverts vers le ciel — sans penser.

J'admire comme il connaît les choses qui m'entourent et que je ne sais pas voir, comme il est intime et familier avec les herbes de la jungle, avec les arbres des ruisseaux. En quittant Yadé, son village, il avait deux longues sagaies, son unique bagage pour cinq jours de route. La bonne terre lui donne le reste, à lui qui la connaît et la révère.

XII

31 mai, Zaourou-Yenga. — En arrivant vers la vallée si verte et si tourmentée de la Nana, un bien-être immense m'envahit. Je retrouve cette émotion délicieuse qui me possédait aux soirs limpides de la Penndé — mais avec plus d'attendrissement et d'intimité. Il me semble que je revois une patrie. Et n'est-ce pas une patrie, en effet, la terre où nous avons laissé un peu de nous-mêmes, où un peu de beauté nouvelle nous est venue? Ce petit torrent qui coule dans une épaisse verdure, parmi des palmes et des réseaux de lianes, c'est Yolé, qui coule vers Nana. « Nana », c'est la mère, la bonne mère des Bayas. Et c'est elle qui

arrose Mambéré, que nous avons appelé Carnot.

Mambéré! Que de fois nos Bayas ont répété ces douces syllabes qui leur chantaient comme un air de ciel natal. Car ils aiment leur terre et son manioc, et ses cases rondes parmi les bananiers. Un peu de leur tendresse est la mienne ; mais ce que j'aime par-dessus tout, ce sont les ciels infiniment gris où se fondent, en une harmonie désolée, les coteaux bas de l'horizon, et la chanson des hommes, si pauvre et si lointaine.

Toute la journée, Yenga est resté près de notre tente. Il porte un grand boubou où s'accrochent des quantités de petites médailles en cuir rouge, les grisgris aoussas. La face longue, où clignotent deux petits yeux emplis de malice, la lèvre mince et sinueuse, la noblesse de son geste font qu'on voudrait le connaître et qu'il attire.

Une barbe étroite pend au-dessous de son menton.

Il parle beaucoup et doucement. Il a l'air

fin et souple, plein d'esprit et de ressource. Il n'inspire pas une pleine confiance. Mais comme il a de la race, et comme peu de chose le sépare de nous !

Vers le soir, il a fait venir des musiciens. Il y avait un homme qui jouait du tambour, la tête un peu penchée, les yeux mi-clos, la face et tout le corps immobiles, tandis que les bras s'agitaient furieusement. Il y avait le porteur des clochettes — deux clochettes de fer accouplées qu'il frappait avec un marteau de bois —, et beaucoup d'autres hommes qui remuaient de petits paniers emplis de cailloux. Les Bayas se sont mis en cercle. Un chant de joie s'est élevé, et il était triste comme un chant de deuil. Et les pieds frappaient le sol rageusement, tandis que les torses s'agitaient au rythme exact des instruments. Mais ce qui me plaisait surtout, c'était ce petit nabot qui se roulait dans la poussière en faisant d'horribles grimaces, et que personne ne regardait, et qui avait la sublime laideur d'un bouffon.

XIII

6 juin, Bayanga. — Il fait joli. La nature grouille. Nous sommes en un jardin, jardin stérile, éperdu d'allégresse et de candeur mystique.

La lumière arrive sur le sentier, tamisée par le feuillage clair et diaphane. Tout chante la clarté de la vie, le charme des minutes.

Il fait jaune ; la campagne exhale l'odeur amère des fruits sauvages. On est ivre de marcher dans toute cette lumière, non point violente, mais qui enveloppe et qui pénètre...

Soudain, au détour d'un chemin, surgit une caravane : des porteurs avec des paniers mal ficelés, des cages en paille pleines de poules, de vieilles cantines en bois, tout un bazar étrange et malpropre ; puis deux ou trois bœufs, des bouviers bayas, des enfants nus avec des arcs et des flèches, enfin deux traitants indigènes à cheval, les chefs de cette suite bizarre ; derrière encore, des femmes se hâtent avec leurs entassements de calebasses sur la tête, et des hommes armés de vieux fusils à pierre qu'ils portent sur l'épaule, la crosse en l'air... La première fois depuis Laï que nous rencontrons des hommes sur notre route, la première fois que nous sentons l'approche de notre race... J'en ai presque une tristesse, sachant qu'un songe doré va s'achever. Mais la route ne laisse pas de temps aux regrets ; elle abolit hier et demain également, pour laisser maître le charme imprécis des minutes...

Bayanga, c'est propre et soigné comme un paysage de Constable. Des cases s'égrènent sans aucun ordre parmi la claire futaie qui fait des taches d'ombre sur la grisaille des toits de chaume. Le village respire le bonheur et la paresse. Et au delà du village, un large sentier sablonneux mène au bord d'un ruisseau dont l'eau est divinement fraîche.

Ah! ces eaux de la Sangha, qui semblent surgir des profondeurs de la terre et qui emplissent la bouche de volupté, celles que l'on boit à même les rivières, pendant les longues marches au soleil, les eaux divines qui enivrent le voyageur, par leur vertu magique!

Dans le ruisseau, des hommes se baignaient. Une petite plagette de sable fin descendait dans le lit du ruisseau qui s'enfonçait aussitôt après sous une voûte épaisse de feuillage. Et derrière la pente adverse, sur l'autre rive, le soleil mourait, violent comme un velours cramoisi. En dessous de son orbe gigantesque, stagnaient des verts, des violets, des ocres, des mauves qui semblaient un vitrail de cathédrale, là-bas, derrière les piliers noirs des arbres maigres de l'horizon.

XIV

10 juin, Saragouna. — Pays des bananes exquises comme un sourire d'enfant.

Le chef m'en a donné un lourd régime que j'ai pendu près de ma tente. Toute la nuit, je me suis promené devant mon camp; de temps en temps, j'allais cueillir un des fruits qui répandait en moi une sorte de bien-être capiteux...

Ainsi, demain matin, j'arriverai à Carnot, après cinquante-sept jours de route depuis Laï. Dans la fièvre de la nuit lunaire, je repasse dans ma mémoire tous les lieux où nous avons douté, tous les sites que nous avons aimés, les bords aimables de la Penndé, les rochers sombres des Boums, les monts Yadé, bijou noir jeté parmi la douceur du tropique, la vallée de la Nana, joyeuse et apaisée... Jamais la passion de la vie ne m'a brûlé comme à présent. Je me penche sur la vie avec ivresse ; c'est la folie heureuse et sainte de la vie... Doba, Béti, Béloum, Vlété, Zotoua, Ouannou ! Quelle clarté dans le rêve incertain de la vie ! La vie, quelle merveille de lumière, quel éblouissement !...

De petites mouches lumineuses tremblent dans la nuit, et laissent un sillage d'étincelles. Il me semble que c'est ma vie elle-même qui papillotte ainsi devant mes yeux, en traits de lumière, dans l'ombre...

L'ADIEU AUX BARBARES

Je ne veux pas quitter le pays baya sans jeter un dernier regard au fond de moi-même.

Du haut des collines de la Mambéré, d'où l'œil dominait un horizon infini de désolation, il m'arrivait souvent de penser plus à la France lointaine, qu'à la terre d'Afrique où nous marchions. Je contemplais ce pays vierge, non comme la patrie des Bayas, mais comme une patrie française, où des Français nous avaient envoyés, et j'essayais de comprendre la conscience de ma race, aussi obscure, aussi complexe que celle des peuples noirs que nous croisions sur notre route.

A ces moments, comme j'étais fier de garder

en moi cette petite lampe de l'héroïsme, si vacillante aujourd'hui, et de retrouver, dans la partie la plus repliée de mon âme, un peu de l'antique passion des dominateurs et des conquérants !... Nous venons ici pour faire un peu de bien à ces terres maudites. Mais nous venons aussi pour nous faire du bien à nous-mêmes. Nous voulons que la grande aventure serve à notre santé morale, à notre perfectionnement. L'Afrique est un des derniers refuges de l'énergie nationale, un des derniers endroits où nos meilleurs sentiments peuvent encore s'affirmer, où les dernières consciences fortes ont l'espoir de trouver un champ à leur activité tendue.

Nous voulons la saluer, comme une colonne unique, en un temple mutilé... Bien peu, sans doute, viendront vers elle. Notre sagesse et notre vertu s'éloigneront de son splendide et solitaire excès, et nous ne voudrons plus, maintenant que nous sommes *bons*, de ces pinceaux de lumière rouge qu'elle projetait vers le monde, malade de langueur. Ah ! oui,

elle sera délaissée — maintenant que nous
savons tout et que nous n'aimons plus — la
vieille colonne, dressée toute seule, parmi les
ruines de nous-mêmes...

Mais tant qu'il y aura des hommes de lutte
et de douleur, tant qu'il y aura des tristes et
des forts, on ira mourir là-bas, avec une adorable joie, comme vont mourir des vagues sur
une plage déserte.

Leur âme, à ces chevaliers de la mort, n'est
point pareille à celle des autres. Ils sont, ceux-
là, les voyageurs et les soldats. Ils sont ceux
qui marchent, ceux qui n'en peuvent plus de
marcher et qui veulent mourir de leur idée.
Comment ressembleraient-ils aux autres, à
ceux qui restent en place, enclos dans leur
monotone et inféconde songerie ?

Nos idées morales sont le reflet même de
notre vie tout entière. La qualité de notre âme
est faite aussi bien de ce qu'il y a de plus intime et de plus inné en nous que du genre de
vie que nous menons, des impressions qui

viennent effleurer le miroir uni de notre conscience et, pour tout dire, des parties les plus superficielles de cette conscience. Comment s'étonner que Napoléon ait fait entrevoir un idéal d'humanité différent de celui qu'avait proposé l'auteur de l'*Imitation*? Les horizons qui limitent notre vue nous remuent profondément et les aspects divers que nous entrevoyons sont susceptibles de modifier nos cœurs autant que les plus solitaires méditations. C'est le grand idéal des soldats qui surgit sur les routes, à chacun de nos pas, et chacun de ces pas nous conduit un peu vers notre ciel !

Hélas, toute notre histoire humaine n'est que celle des défaites et des victoires de cette sombre foi, souffle de sépulcre que peu d'êtres ont eu la force de sentir, foi profonde des errants dans une vallée de joie. Mais ici, sur la terre des Barbares, je reprends de l'espoir ; je crois encore en la bonté de l'action, et qu'elle saura dominer la paresse des faibles. C'est le dernier bienfait de l'Afrique, de m'aider à me reconnaître, parmi toutes les misères de notre époque.

Maintenant, ma vie est toute brillante et tissée de fils éclatants. Loin des miens, je sais entendre en moi et retrouver cette résonance lointaine, infiniment lointaine, qui retentit depuis des siècles, à travers les consciences de mes ancêtres, jusqu'à étouffer toutes les chansons du monde, tous les murmures humains. Cette voix-là me recommande le courage et m'annonce les prochaines victoires.

Je sais que je dois me croire supérieur aux pauvres Bayas de la Mambéré. Je sais que je dois avoir l'orgueil de mon sang. Lorsqu'un homme supérieur cesse de se croire supérieur, il cesse effectivement d'être supérieur. Avec son orgueil, un peu de lui-même disparaît, un peu de la meilleure partie de lui-même. Lorsqu'une race supérieure cesse de se croire une race élue, elle cesse effectivement d'être une race élue. Lorsqu'une race forte cesse de croire à sa force, elle cesse effectivement d'être forte. La supériorité d'une race sur une autre race est peut-être une illusion... Qu'importe ? C'est l'illusion de se croire supérieur aux autres qui fait accomplir les belles actions. Et si toutes les illusions disparaissent les unes après les autres, celle-là, nous devons la maintenir, l'entretenir en nous comme une plante précieuse.

L'illusion de la force, c'est la dernière colonne des vieux temples, celle qu'il nous faut le plus jalousement garder. Se croire fort, c'est déjà une manière d'être fort, et l'on peut même dire que la force d'un peuple se mesure à la conscience qu'il a de cette force. Tout se pénètre ici et s'enchevêtre. Un peuple fort est celui en lequel l'orgueil de la race ne s'est pas affaibli. C'est parce que l'Empire romain était grand et fort, que le citoyen de Rome pouvait dire avec orgueil : *Civis romanus sum*. Mais c'est bien un peu aussi parce qu'il disait cela, parce qu'il le criait, parce qu'il emplissait le monde du bruit de ces trois mots glorieux, c'est bien un peu pour cela que l'empire était grand et fort.

Jamais, plus qu'aux belles heures de marche sous le soleil du Tropique, je n'ai éprouvé de joie à me répéter à moi-même cette phrase si simple et si bienfaisante : « Je suis soldat français ». Ces mots-là, c'était comme le refrain forcé, la prosodie de toute l'Afrique. Chaque objet me les suggérait et semblait les approuver. Comment s'étonner que cette lumière qui me venait tout à coup, m'intéressât plus que les paysages de ma route et les rencontres de mon voyage ?

On croirait presque, aujourd'hui, que l'héroïsme est une chose morte. On croirait presque, ma foi, qu'ils sont morts, les divins amants de la Force, de l'Amour, de la Poésie, et tous ceux qui avaient soif et faim de l'absolu. Ils sont là, pourtant, parmi nous, tout prêts à nous aider et à nous secourir...

« Opinions du peuple saines », disait Pascal. Nous reviendrons à l'opinion du peuple qui est la guerre. De l'extrême barbarie, nous sommes passés à une extrême civilisation. Et ce qui nous manque, en effet, ce sont des *barbares*. Maintenant, il nous faut venir prendre conseil chez des sauvages. Mais qui sait si, par un retour fréquent dans l'histoire humaine, nous ne reviendrons pas au point dont nous sommes partis? Il est un moment où l'esprit trop guerrier s'affine et s'adoucit ; la violence révolte comme une injustice ; la bonté féconde remplace la haine stérile. Progrès normal et légitime, mais qui n'est pas le terme de notre évolution. Il vient une heure où la violence n'est plus de l'injustice, mais le jeu naturel d'une âme forte et trempée comme un acier. Il vient une heure où la bonté même cesse d'être féconde et devient amollissante et lâche. Alors la guerre n'est plus qu'un indicible poème de sang et de beauté. C'est la grande vendange de la Force, où une sorte de grâce inexprimable nous précipite et nous ravit. Là nous trouvons l'emploi le plus normal, le plus noble, en même temps, de ces ressources infinies d'énergie, de ces formidables ampères, de ces hectowatts d'énergie qui

circulent en nous incessamment. Plus que la
lutte de deux intérêts, comme dans la période
barbare de l'humanité, la guerre est l'inévitable choc de deux puissances de vie qui s'interrogent et interrogent en même temps la
destinée. Admirable mystère que celui de ce
devoir héroïque, qui nous mène à la plus périlleuse des spéculations, par les chemins les
plus étranges du rêve !

Voilà ce que j'ai pu lire dans le ciel des
Bayas. Voilà l'adorable vision que m'envoyait
la terre conquise, toute sombre de deuils et
de tristesses, la dernière parole de l'Afrique,
avant que j'aille rejoindre les seuils clairs de
la France.

Dans ma patrie, on aime la guerre, et secrètement on la désire. Nous avons toujours fait
la guerre. Non pour conquérir une province.
Non pour exterminer une nation. Non pour
régler un conflit d'intérêts. Ces causes existaient assurément, mais elles étaient peu de
choses. Elles étaient secondaires et adventices. En vérité, nous faisions la guerre pour

faire la guerre. Sans nulle autre idée. Pour l'amour de l'art. La guerre pour la guerre. Nous faisions la guerre, par un naturel besoin de nous dépenser et de nous imposer, parce que c'était notre loi, notre raison secrète, notre foi.

Quelle plus belle preuve en donnerai-je que la vie même de Napoléon? Bien souvent, ses campagnes furent absurdes dans leurs principes, désastreuses dans leurs conséquences. Mais toujours le peuple les exalta, et comment en eût-il été autrement, puisque cet homme était la volonté même et l'histoire même de ce peuple? Le plus beau, le plus inutile en même temps, le plus fou, le plus absurde de ces drames merveilleux de la destinée française, la campagne de Russie, en 1812, est précisément la plus populaire des guerres de l'Empire, la plus chantée par l'imagination enthousiaste de la foule.

Pas un de nos rois qui n'ait été guerrier. Pas un qui n'ait conquis sa gloire par la guerre. Et le seul qui ait été vraiment un ami de la paix, Louis-Philippe, comme nous l'avons maltraité et bafoué, pour son parapluie de paisible bourgeois! Avais-je donc tort de conseiller l'action, de rechercher en moi le meilleur héritage des ancêtres?

Mais pour justifier cette action, il nous suffit de dépasser, par une sorte d'hypostase, le domaine de nos impressions extérieures pour atteindre le substratum des énergies latentes, des forces vives qui dorment en nous. Alors, par derrière les civilisations séculaires, les éducations complexes, les enseignements de la société où nous vivons, par derrière tout ce que cette civilisation, cette éducation, cet enseignement ont déposé en nous de limon fertile, nous pouvons découvrir la partie vraiment primitive de notre être. Dans cette mystérieuse région, il y a des tumultes et des ouragans. Des passions fortes, montées de quelles profondeurs, s'apprêtent à vivre à la lumière d'un surnaturel soleil. Quelle richesse dans cette merveilleuse ascension! Quels insoupçonnés trésors!

Parfois, en pleine action, nous sommes comme en extase. C'est un état plein de félicité où notre être atteint des sommets qu'il ignorait dans la trame quotidienne de la vie. Impossible alors de démêler l'écheveau complexe de nos sensations, de distinguer et de formuler les états de l'âme qui se précipitent dans un absolu désordre.

Mais ce que nous savons bien, c'est que notre humanité est alors développée jusqu'à son point le plus avancé. Nous sentons en nous un maximum d'existence. Transfigurés, il faut que nous allions vers des dangers. Et touchés par la vénéneuse odeur de la mort, nous sentons sourdre en nous d'immenses fleuves de vie et de beauté.

Ainsi, ce noble pays d'Afrique sait-il nous avertir du sens de l'action que nous y déroulons.

Avant de quitter les rives de la Sangha, j'ai la prétention inouïe d'avoir conquis une croyance et d'avoir pu hausser mon rêve au-dessus des doutes et des relativités. Ce que j'ai trouvé de plus beau dans ces domaines, c'est le souvenir des hommes qui sont venus jadis de la terre natale pour y mourir obscurément. De tels passants suffisent à fixer en beauté noble et héroïque le plus fluide des univers. Loin de la vie mondaine et sentimentale, je suis ramené par eux à la vie même, à la source même de la vie.

J'agitais exactement ces pensées, au moment de prendre le chemin du retour, avec mon chef aimé et vénéré, le commandant Lenfant. De Bania, qui avait été le début et le terme de notre exploration, jusqu'à Ouesso, il faut trois grandes journées de pirogue. De Ouesso, un bateau à vapeur conduit à Brazzaville par la Sangha et le Congo. C'est alors la fin de la barbarie. On sent, de bien loin, pourtant, comme un vague parfum d'Europe, auquel il faut enfin s'habituer de nouveau.

Les 5, 7, 8 et 9 septembre 1907, nous descendîmes la Sangha dans une de ces frêles barques que les N'Goundis de Nola taillent dans les troncs d'arbres de la forêt. Ce furent nos derniers beaux jours d'Afrique, les derniers parmi la vie la plus simple et la plus primitive qui soit au monde. Dures et monotones heures, à glisser sur l'eau calme de la rivière, tout illuminée de soleil ! On longe les berges, encombrées de lianes, sans un murmure humain, sans un souffle animal. On n'entend que l'éternelle chanson des N'Goundis criant debout à l'arrière de la pirogue, leur éternel : « si gi ti yo, yo, yo... si gi ti yo, yo, yo... » qui scande le mouvement régulier des pagaies. On croit baigner dans un paradis dévasté où les pensées ne seraient plus que de claires et joyeuses fulgurations...

Couché pendant des heures, dans cette auge de bois où les mouvements trop brusques sont interdits, j'aurais pu dénombrer toutes les richesses de l'âme française et retirer quelque bien de ce travail. J'ai préféré, par une rêverie appropriée, me préparer à revoir les miens et j'ai laissé courir vers moi ce grand souffle de la patrie qui venait m'effleurer mystiquement.

Le 9 septembre, à dix heures du matin,

nous arrivâmes à Ouesso, après une belle nuit de marche, toute irradiée de lune. Je dis alors adieu à la terre des sauvages, de ceux du moins que notre civilisation n'a pas encore pu toucher, mais ma pensée allait surtout vers les morts que nous avons laissés sur cette terre, promise aux héros.

ÉPILOGUE

Depuis trois semaines, je suis à Paris. De ma fenêtre, rue Chaptal, je vois le petit jardin qui me rappelle toute mon enfance et mon adolescence d'hier. Il fait froid. Il semble que les lilas légers et le lierre âgé se crispent sous le givre, et des rafales, en efforts haletants, font rage parmi les hautes parois des maisons. Une lumière rare filtre du ciel qu'on ne voit plus. Le froid sent la misère, la grande débâcle, l'aigre misère, le trottoir. J'ai retrouvé mes livres, qui s'ouvrent encore à la page souvent lue, et mon fauteuil à la même place et cette belle rangée d'in-octavos qui préside au-dessus de mon lit à mon sommeil. J'ai retrouvé mon père et ma mère, toute ma famille penchée le soir sous la lampe heureuse, dans la chambre tiède, loin de la bise mauvaise et loin de la rue. J'ai retrouvé le vieux foyer, empli de pensées douces et graves.

Tous les jours, je vais dans la ville. Je marche longtemps parmi la ville dont tous les coins me sont familiers et connus... Grenelle, le pont de Grenelle et Javel, tous les quartiers tristes comme Popincourt, la rue de la Goutte-d'Or, le boulevard Exelmans et la Muette ; la Seine, l'insigne ruisseau, que strient les bateaux mouches et les remorqueurs de la « Société Générale de touage et de remorquage » et les chalands aux proues camuses, aux noms évocateurs de nos campagnes « l'Oise », la « Marne », la « Brie », massifs et lourds de poutres ou de moellons, j'ai tout revu, et la rive gauche avec la rue de Verneuil, la rue Saint-Dominique, la rue de l'Université, élégantes et strictes.

Mais le soir, dans la vieille maison où les bruits de la rue n'arrivent pas, je savoure encore les splendeurs de l'Afrique et ses délices. De chez moi, de ma ville qui déjà m'a repris avec son vieux passé, son passé de tous les siècles, je vois mieux la terre libre de là-bas, où l'on marchait heureux sous le soleil de l'éternel été. Maintenant je ne vois pas d'emploi plus digne de la vie que de partir vers les pays lointains, et d'user ses chaussures sur des terres nouvelles, par delà nos mers et nos océans. De telles équipées nous rendent meilleurs et nous font mieux comprendre l'innombrable beauté.

Je partirai encore vers d'autres cieux. Toutes les patries sont belles pour un cœur chaleureux et pour des yeux aimants. Mais nulle ne me sera plus bienfaisante ni plus reposante que l'Afrique. Sur cette terre jeune, nous avons pendant deux ans emmagasiné de la jeunesse pour toute une vie ; nous avons bu à cette fontaine de Jouvence qui redonne l'énergie aux cœurs amollis et qui tend les êtres à leur plus haut diapason, au-dessus des petitesses de la vie et des humilités quotidiennes.

C'est une terre de vertu. Je l'aime pour les exploits qu'y ont accomplis mes maîtres et mes chefs, et qui lui font une belle couronne de gloire, de gloire française. Elle suscite les héros et leur procure, par les joies fortes et nobles qu'elle leur dispense, les récompenses attendues.

Je conçois les paysages africains sous une double catégorie, celle de l'action et celle du rêve. Mais l'action qui nous y est conseillée est si pure, si héroïque qu'elle entre déjà de plain-pied dans la catégorie du rêve. C'est là sans doute toute la métaphysique de l'Afrique. Dans telle forêt de la Sangha, j'entendais bruire dans des cycles de verdure l'appel lointain de Parsifal. Le jeune héros me semblait être ici dans un cadre digne de lui et de ses hautes pensées. Lisez les récits des voyageurs d'Afrique. Ce sont de nouveaux mystiques, pleins de la foi qui déplace les montagnes. Voyez les images de notre admirable Gentil : cette face austère et douce, ces yeux profonds qui ont tout vu, ce regard dur et clair qui semble toujours tendu vers quelque chose d'absolu, ce regard de volonté absolue, ignorante des obstacles et des contingences. Mais quelle joie profonde nous étreint quand nous lisons ce livre au titre sonore comme un appel de victoire, au titre évocateur des combats primitifs dans l'âpre brousse : « La chute de l'Empire de Rabah » !

Notre foi a ses textes sacrés et ses bibles. Mon chef, le commandant Lenfant, m'a souvent raconté l'enthousiasme qui le transportait, dans sa jeunesse, lorsqu'il lisait le livre de Stanley : *Dans la plus ténébreuse Afrique*. Arrivé au passage où le grand voyageur raconte que, découvrant enfin le Tanganika et dominant l'immense nappe d'eau du haut d'une falaise, il s'écria avec ferveur : « Tanganika ! Tanganika ! », le jeune homme voyait dans un rêve lointain se dérouler d'immenses horizons inconnus avec un monsieur en casque blanc, botté et ceinturé d'un revolver, qui s'avançait tout seul en plein mystère parmi de hautes herbes, vers des lointains éclatants.

Ces premières images nous accompagnent toute la vie ; les premiers rêves deviennent nos étoiles et nous suivent dans nos rudes pèlerinages. En France, nous sommes pris dans un engrenage social ; nous jouons sur la petite scène du monde un rôle préconnu, préfixé, conforme à notre richesse et au milieu où nous vivons. Mais là-bas notre cœur s'exalte vers les plus hautes pensées que l'on puisse avoir. Nous sommes transportés au-dessus de nous-mêmes. Je ne suis plus un jeune bourgeois français, occupé des travaux de mon état ; je suis un homme, en qui ne surnagent plus que des sentiments primitifs et frustes. Parmi les miens, je suis pénétré du désir de bien faire ; mais sur la terre d'Afrique, je ne pense pas à bien faire. Mon action s'y déroule naturellement comme une mélodie passionnée. Elle vaut pour elle-même, et non plus en ce qu'elle se rapporte à moi, à ma maison et à ma vie.

Le Centre-Afrique est un des derniers endroits du monde où l'on trouve la vie primitive, sans aucune des altérations qu'y apporte partout ailleurs notre civilisation envahissante. Là seulement on éprouve ce petit tressaillement du cœur à pénétrer dans des terrains vierges, parmi d'insoupçonnées barbaries. Sous les dernières latitudes inconnues, que de fois nous fûmes pris de ce léger vertige, assez voluptueux, parce que nous retrouvions la vie à sa source même, dans sa splendeur abolie. Là, nous avons surpris d'admirables gestes, et tout ce qui reste de beauté mâle et harmonieuse dans notre médiocre humanité.

Sur les rives brûlantes du Logone, de belles attitudes de victoire et de force, mêlées à de la grâce, ont revécu pour nous, que je croyais n'exister plus que sur les panses arrondies des vases antiques. J'ai été surpris de trouver ces hommes vénérables et de voir que leurs âmes allaient aussi en profondeur. J'y démêlais parfois d'obscurs frissons qui jusqu'alors ne me semblaient appartenir qu'à moi. Mais rien n'égale la joie de se sentir, parmi eux, le dominateur. Quelle belle solitude humaine qui réveille en nous les meilleures passions et les plus oubliées ! Jusqu'à la mélancolie des heures du soir, si nues et si simples, nous fait du bien et nous élève.

Aucune littérature ne s'y mêle ; à ces heures-là, comme ma maison me semblait lointaine et indistincte dans le passé !

Parfois alors, je concevais l'orgueil de vivre en beauté et je trouvais la vie divine et voluptueuse. Mais cela même était si confus en moi que je ne pouvais me l'exprimer précisément. Je pensais à ces grands oiseaux qui nagent dans l'or liquide d'un soir d'Orient. Une vie nouvelle s'ouvrait vers des jardins bizarres, aux fleurs inconnues.

Logone ! nom plaintif comme une source de l'Achaïe, plaines du Logone, ruisseaux de la Sangha et vos intimités d'amantes, croupes de Yadé qui recélez les hordes des fauves Bayas, croupes du Simbal et cols du Simbal, encombrés de sombres pierrailles, Penndé, estuaire de clarté sereine et franche, vous êtes les plus douces pages de ma vie. Parmi vous, quel cœur dolent et meurtri ne se guérirait pas, quel cœur ne s'égalerait aux dieux ? Votre calme silencieux suscite en nous des tumultes. Du fond des âges de la vieille planète, nous arrivent des splendeurs nouvelles. Chez vous, nous devenons les premiers hommes, étonnés et fervents, qui voyaient de l'horizon nébuleux monter de rouges soleils...

Bientôt j'irai en Bretagne. Je reverrai le petit hameau de Tréshugel dont le murmure très doux se mêle au murmure plus rude de la mer. Je reverrai le bois de pins qui monte près du rivage harmonieux, le sentier où, tout petit, je suivais des yeux le vieux Renan, lourd de pensées et de génie. J'irai à cheval pendant des heures dans les chemins creux où chaque ajonc me redira une heure de mon enfance, où chaque branche m'enverra un parfum du passé.

Mais je penserai encore à la vieille Afrique, à la vieille terre du sommeil qui repose là-bas, sous le soleil.

APPENDICE

NOTE I (page 19).

C'est une grave question de savoir si les races de l'Afrique sont autochtones ou si elles sont venues d'un berceau commun, avant de s'être répandues sur le continent noir. Mettons de côté ces races de nains, les M'babingas du Congo, disséminées dans toutes les régions de forêt et qui semblent des aborigènes.

Mais à voir les peuplades du Congo, les Bayas par exemple, on se demande si des races, qui supportent aussi mal les conditions de vie imposées par le pays, peuvent être originaires de ce pays. Non seulement les noirs sont sujets à la fièvre, mais encore ils souffrent de la chaleur et du soleil. — L'étude de la toponymie africaine donnerait peut-être au sujet des migrations des peuples noirs de précieux renseignements. Nous avons déjà fait remarquer le nom du village de Gougourtha, si voisin de celui de l'ancien numide Jugurtha, l'ennemi des Romains, et Berbérati, nom d'un autre village dans la même région, qui fait songer aux Berbères ou aux Barbares.

Il ne faut pas oublier que les légendes helléniques les plus anciennes plaçaient à l'orient de la terre le peuple noir des Éthiopiens. C'est peut-être là qu'il faut chercher le berceau de la race noire, comme on y a cherché le berceau de la race sémite et celui de la race aryenne. Les vieux livres guèbres nous apprennent que lorsque les Aryens pénétrèrent dans les pays compris entre la mer Caspienne et le golfe Persique, ils rencontrèrent une race d'hommes très différente de la leur. Ces peuples contre qui les nouveaux venus durent batailler pendant de longues années et qui les impressionnèrent si fort, sont minutieusement décrits dans les textes anciens.

Le *Vendidad* (le plus vieux livre de la Perse) les désigne sous des noms divers. Il les appelle notamment « Nouby » et « Afryts ». « Nouby », nous dit M. de Gobineau [1], veut dire « l'homme de race noire ».

Quant à Afryts, il se montre en rapport très direct avec « afer » et « Africa ». M. de Gobineau décrit ces « Afryts » d'après le *Vendidad*. « Cette créature odieuse, dit-il [2], apparaît dans une stature qui dépasse la mesure commune du corps humain ; elle a les dents longues et saillantes. Plus tard, on a dit que ses oreilles étaient grandes et détachées de la tête ; c'est pourquoi on lui a donné le titre « d'oreilles d'éléphant ». Le portrait du nègre est complet et la ressemblance absolue. » Je ne sais si la ressemblance avec le nègre est aussi absolue que le dit M. de Gobineau. Mais ce qui est plus sérieux, c'est que les fouilles de Mésopotamie ont mis à jour des types fantastiques dans lesquels il est facile de reconnaître des noirs. Le

---

1. *Histoire des Perses*, t. Ier, p. 16.
2. *Op. cit.*, tome I, page 18.

prognatisme accentué, la hauteur de la taille et surtout les cheveux crépus des êtres figurés sur ces documents, ne peuvent laisser aucun doute.

M. de Gobineau possédait dans son cabinet une quantité de cylindres d'hématite, de cornalines, d'intailles et de gemmes où sont figurés ces premiers habitants de l'Iran. Sur toutes ces œuvres d'art, M. de Gobineau n'hésite pas à reconnaître des spécimens de la race noire, ainsi que sur les abraxas gnostiques du Bas Empire hellénique et sur les peintures des manuscrits persans du xive et du xve siècle, où les premiers ennemis des Iraniens sont figurés avec toutes les caractéristiques de la race nègre actuelle. Un détail singulier nous confirme dans cette manière de voir : ces noubys sont toujours représentés les jambes pliées, les bras avancés, les mains pendantes, dans l'attitude bestiale de la danse africaine. Quelle émotion de retrouver sur ces vieux documents de la protohistoire les gestes et les attitudes des hommes d'aujourd'hui, de ceux que nous voyons et observons tous les jours !

Il s'en faut de beaucoup que ces premiers habitants des plateaux de la Perse aient été exterminés par les Iraniens conquérants. Ils se mêlèrent au contraire aux envahisseurs et nous devons considérer ces noirs comme un facteur essentiel de notre race aryenne telle qu'elle devint dans la suite des âges, après tous les mélanges qui en altérèrent la primitive pureté.

NOTE II (page 12)

Ce qui caractérise une race, c'est l'existence d'une littérature empreinte d'une physionomie particulière, répondant à la nature intime, aux aspirations, à l'idéal des hommes qui la composent. Il est difficile de trouver chez les nègres une littérature à proprement parler. Notons pourtant que, dans tous les récits, toutes les chansons, tous les poèmes que l'on peut recueillir dans les pays noirs, on constate un caractère littéraire qui fait de ces récits, de ces chansons et de ces poèmes, un monument poétique auquel n'a manqué que l'écriture pour le perpétuer et le divulguer. Une observation curieuse que nous avons faite plusieurs fois en pays baya et en pays yanghéré est que les indigènes ont une langue littéraire différente de leur langue ordinaire parlée. Les poésies bayas, kakas et yanghérés sont souvent très difficiles à comprendre à cause des altérations qu'y subit le langage courant de la vie quotidienne. Pour rendre le rythme harmonieux, des élisions sont permises ; des monosyllabes, préfixes, suffixes, interjections purement euphoniques, se glissent dans la syntaxe des phrases.

Des répétitions de mots, l'emploi de vocables inusités dans la conversation, contribuent encore à donner à ces productions primitives un caractère nettement littéraire, le caractère d'une poésie non écrite, mais astreinte pourtant à des règles, répondant à une esthétique. Mon père a fait en Grèce une observation analogue. « Il y a une *langue littéraire* parlée, dit-il [1], elle est littéraire parce qu'elle ne sert pas à la conversation, et n'est usitée que dans

---

1. Jean Psichari, *Essais de grammaire historique néo-grecque*, 2 vol., Paris, 1889, t. II, p. 149.

les productions littéraires du peuple, contes, chansons, etc. ; peu importe que cette littérature soit orale ou écrite. J'ai observé à Pyrgi le fait suivant : des individus qui, dans la vie ordinaire, parlaient le pur pyrgousain et qui paraissaient ignorer tout autre patois, dès qu'ils se mettaient à me dire un conte ou une chanson, changeaient immédiatement de langue et cela d'une façon inconsciente...

» Il semblait s'être établi une langue spéciale pour le récit, une langue *consacrée* au même titre que cette langue *littéraire*. Elle était néanmoins populaire puisqu'elle était destinée au peuple et venait du peuple. »

Notons encore ce fait extrêmement curieux que la langue des labis est une langue *apprise* qui se transmet de génération en génération. Les jeunes Bayas, comme les jeunes Yanghérés et les jeunes Lakas, lorsque commence cette période d'instruction, d'éducation, de préparation à la vie qui s'appelle le labi, apprennent une langue spéciale qui est donc autre chose que la langue populaire apprise en naissant.

C'est si l'on veut une sorte de *tabou*. Mais une circonstance capitale est que le labi se parle dans des peuplades très diverses de coutumes, d'origine et de langues. On le retrouve sans altérations sensibles dans des pays n'ayant entre eux que très peu de communications, par exemple dans le pays baya et dans le pays banda. Comment s'est transmise cette tradition ? C'est une question très délicate, environnée de mystères que nous ne pouvons pas aborder. Le fait est que cette tradition existe et qu'elle est une tradition littéraire, très vivace et persistante.

Nous devons ici remercier M. Yerlès, le distingué et sympathique Africain, qui a bien voulu nous communiquer la curieuse poésie que nous avons reproduite.

NOTE III (page 117).

Je profitai de mon passage à Carnot pour aller rendre visite au marabout aoussa. C'est un vieillard à barbe blanche dont l'œil est brillant de malice et d'esprit.

Ces Aoussas, uniquement adonnés au commerce, sont peu croyants et il serait curieux de suivre toutes les déformations auxquelles fut soumis l'Islam en passant chez eux. — Je trouvai le marabout dans une case ronde dont le sol était couvert d'un fin gravier. Par terre, un Koran poussiéreux était ouvert et au mur pendaient des prières écrites sur de petites planches de bois, avec un manche pour en faciliter la lecture. Des odeurs fortes d'encens flottaient dans l'air lourd de la pièce. Le vieillard me reçut avec de grandes marques d'honneur. Quatre ou cinq fois, il me prit les deux mains, et, portant ensuite la dextre à sa poitrine, il faisait entendre de confus murmures, des « heins, heins » prolongés qui marquaient de la déférence et du contentement. Je lui demandai de m'écrire quelques prières sur des morceaux de bois qui pussent m'accompagner dans la vie et me préserver des accidents de la brousse.

Il accéda à ma demande et me remit le soir deux longues prières que j'ai gardées précieusement.

Elles sont écrites dans le plus mauvais arabe et ne sont, hélas! que des témoignages de la plus grossière et de la plus enfantine superstition. Ces deux planchettes, où les caractères écrits avec de la suie mélangée à de l'eau, sont collés avec une sorte de vernis malpropre, donnent des recettes, non pour se bien conduire dans la vie, mais pour éviter les embûches et les dangers qui nous environnent de toutes parts. Ces recettes consistent à réciter telle ou telle prière selon les cas où l'on peut se trouver, prière pour éviter les maladies, prière pour éviter les flèches des ennemis, prière pour compenser les aléas de la chasse ou de la navigation.

La grave question de savoir l'attitude que nous devons prendre vis-à-vis de l'islamisme sans cesse grandissant en Afrique, ne se pose guère à Carnot.

Les Aoussas y forment un groupement relativement peu nombreux, presque unique d'ailleurs dans la région de la haute Sangha et très peu fanatique. Mais dans d'autres territoires, notamment dans les territoires du Tchad, il faut que nous prenions parti. La plupart de nos administrateurs sont hostiles à l'extension de l'islamisme ; il est certain que le premier précepte du Koran est la guerre sainte contre les infidèles et que les populations islamisées peuvent devenir facilement fanatiques et hostiles aux blancs.

Mais c'est un fait incontestable aussi que

l'islamisme est chez les noirs un ferment de civilisation ; il est susceptible d'augmenter la moralité de l'indigène, il élève sensiblement son niveau intellectuel. D'autre part, le fait de s'opposer par des moyens plus ou moins illibéraux à sa propagande, ne sert qu'à rendre cette propagande même plus active.

La persécution augmente la foi en la rendant plus âpre. On peut se demander si l'islamisme des noirs est bien dangereux. La foi arrive à ces êtres primitifs sous une forme atténuée, qui ne leur enlèvera pas le respect qu'ils ont de nous, si nous savons leur imposer ce respect. Les Foulbés nous sont une preuve qu'il ne faut pas confondre l'islamisme des pays nord-africains et même du Sénégal, avec l'islamisme des régions du Congo français.

Un Sénégalais qui avait vécu de longues années en contact avec les blancs et qui même était venu en France, me disait, à Brazzaville, que son plus grand désir était d'aller à la Mecque et que d'ailleurs les marabouts lui avaient prédit la destruction complète de la race blanche dans une dizaine d'années.

Mais ce qui s'applique aux Sénégalais ne saurait convenir, je crois, aux populations nègres du Congo, très douces au fond et inaptes à la révolte comme à l'union.

Koumbé (Haute Sangha), Septembre 1907.
Perros-Guirec, Septembre 1908.

FIN

TABLE

DÉDICACE I
CHAPITRE PREMIER. — Le sourire de l'Afrique.   1
    II. — Sama. 45
    III. — La bataille de Marathon . . . 104
    IV. — Impressions de Laï 157
    V. — Per iter tenebricosum 187
    VI. — L'adieu aux barbares 225
EPILOGUE 244
APPENDICE. Note I. 251
          Note II. 256
          Note III. 260

SAINT-AMAND (CHER). — IMP. BUSSIÈRE. (17248-10-08).

www.ingramcontent.com/pod-product-compliance
Lightning Source LLC
Chambersburg PA
CBHW050644170426
43200CB00008B/1155